禪的理論與實踐。

聖嚴法師 著

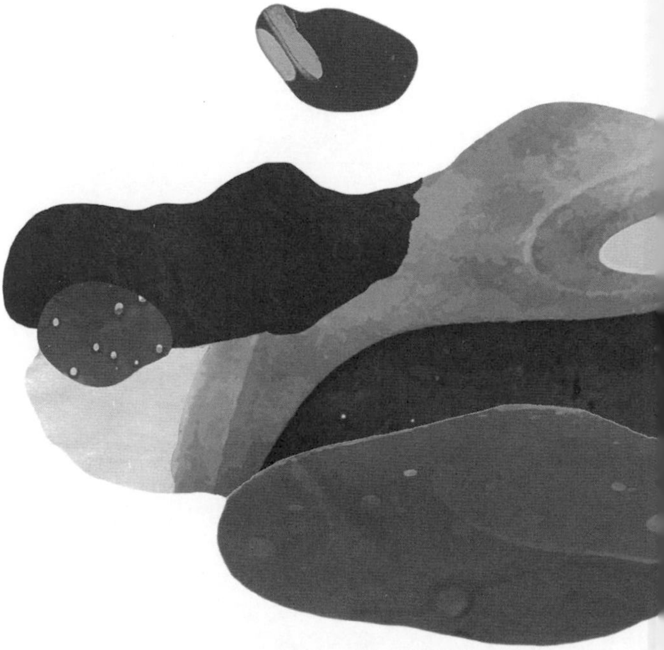

目錄

禪的理論

禪的實踐

附錄

編案：本書部分選文曾收錄於《我願無窮——美好的晚年開示集》、《法鼓山年鑑》，其他選文則曾發表於《人生》雜誌與《法鼓》雜誌，但尚未集結成書，今依主題收錄編集為本書。

禪的理論

直覺、直觀、絕觀

今天向諸位介紹三個名詞：直覺、直觀、絕觀。

「直覺」，大家都知道，直接的反應就是直覺。皮膚接觸到的，眼睛看到的，沒有經過大腦的思考或考察它的反應，就是直覺。

直覺是不可信賴的

直覺的反應可靠嗎？有時候可靠；而有時候是不可靠的。因為直覺的反應往往只是自己習慣性的認識、判斷，不一定是當時接觸到的事實，是頭腦裡先入為主的。例如，聞慣了某一種味道，當有類似的味道進了鼻孔，即會脫口而說出已聞慣的味道，但這不一定是對了。

又如頭腦裡對某一個人印象非常深刻，當有另外一個人從你面前晃過，你直覺的反應或馬上會想到，這可能是什麼人，這也是不一定正確的。因為加上了自我中心的習慣性判斷，有一種自我的意識在內，不是客觀的，故直覺是不足取的。所以，許多人會說：「我直覺地感覺到……我直覺地發現到……我直覺地以為是……。」這些都不一定可靠、正確，所以是不可信賴。

直觀是一種修行

「直觀」，是佛法的專有名詞，是觀察、觀照、觀念的意思。「觀」，本來就是一種修行的方法，譬如觀心、觀身、觀受、觀念，是一種觀自己的動作、心念，乃至於外在事物的現象時，不通過頭腦去思考，也不用自己既有的知識來判斷。也就是看到、聽到或嘗到了什麼，就是什麼，這就是直觀。

但是「觀」的時候，是很清楚地觀。譬如，我拿了一條毛巾在面前，我現在稱它為毛巾，這是後天學習到的知識認定，所以不是直觀。直觀是指我把毛巾拿在手上看，看得非常清楚，只知道有一樣東西在此；但我不說這是什麼顏色、形狀、材質、作用等，我只是看到它。就好像用照相機把一幅圖畫照下來，它只是呈現、反映著鏡頭裡原本的東西，而不需要說明照片的內容。

唯有如此的記錄才是最完整的記錄，如果再加以說明、解釋，就絕對不完整。因此，不需要說明、潤飾，只是看到了。所以，當有人問你，這是什麼東西時，先不要講什麼話，只是看著它，因為我們所給它的名字，是我們共同語言的一種符號，並不就是這樣東西本身。

如此引申到聽、聞、感受、感覺等都是一樣。任何一樣東西用直觀來觀察的時候，就沒有好壞、是非、善惡、多少的分別。所以，直觀是很有用的。當我們的眼睛遇到「眼花撩亂、琳瑯滿目」的境界，或耳朵聽到非常嘈雜的各種聲音時，如果能用直觀來對應，則在任何情況下都能「清者自清，濁者自濁」，不受左右。天下的一切事情本來就是沒有一定的，這就是直觀。

絕觀是超越於自我

另外一個觀念，叫作「絕觀」。這也是佛法的專有名詞，這個境界比「直觀」更超越。絕觀並不是沒有觀照的對象，而是超越於客觀和主觀，叫作絕觀。直觀還有主觀的自我和客觀的對象，所以，這不是智慧；否則照片也有智慧，照相機也是有智慧。直觀只是一個過程，不是智慧。它還有很明顯的對立，是客觀的外在環境和內在的自我中心都還存在，只是沒有另外轉一個念頭說出對象是什麼東西，或沒有轉一個念頭，用自己過去的常識、記憶來判斷對象是什麼東西。

舉例而言，當我們看到兩隻花樣、圖案不一樣的鞋子，用直觀的時候，這兩隻鞋子是有的，但是兩隻的圖案、花樣是不是一樣，則不會也不需要說出，就是看到了有這樣東西在那裡。而絕觀並不是沒有對象，並不是沒有自我，而是它不是有我，也不是有環境。

在同樣的例子裡，絕觀和直觀就不一樣，用絕觀的時候，頭腦裡一樣有判斷，可以說出這兩隻鞋子不一樣。但是兩隻鞋子不一樣和我沒有什麼關係，和你也沒有關係！只是兩隻鞋子不一樣，很清楚也可以說明兩隻鞋子是不一樣。那怎麼辦？就把它們換了便成一樣的。換成一樣的是不是有必要呢？有必要！因為為了更圓滿地處理這件事；但是如果沒有辦法換成一樣，也不需要煩惱。

所以，絕觀是有對象、有自我，也可以有說明；但是沒有把自己放進去，也沒有把旁人和對象放到自己的心裡面，卻仍然處理所有的事；面對事情的時候，能處理則處理，不能處理則不處理；應該處理則處理，不應該處理就不處理。更清楚地說，所謂絕觀就是超越於自我，超越於自我的利害、得失，亦即雖然知道有利害、得失，但是自己可以不受利害、得失影響而起煩惱的反應，這就是絕觀。

自自在在不起煩惱

所以，直觀不容易，絕觀更不容易。絕觀是智慧，直觀不是智慧。直觀只是一個觀照，可是常常用直觀，用久了，習慣了，漸漸地也能變成絕觀。

我把三個名詞介紹了，諸位可能有人對絕觀仍不清楚，再舉一例加以解釋。例如，我是一個需要戴眼鏡的人，如果眼鏡打掉了，我還是需要買一副眼鏡。如果怎麼找都不可能再買到眼鏡，這時候，我也知道我需要眼鏡，可是沒有眼鏡了，我要不要煩惱？不需要煩惱！這就是絕觀。同樣的情況，如果老是在後悔、嘀咕：「唉！我那副眼鏡當時不打掉多好！」「唉！那時候怎麼搞的，我不小心把眼鏡打掉了！」如果有人問我：「你難過嗎？」我說：「我不難過，已經打掉就算了。」可是心裡面還是念著如果不打掉多好。

像這種已經沒有辦法補救的事情，如果還在嘀咕，心裡老是放不下，就不是絕觀。絕觀應該是將已經沒有辦法的事情放下；還有辦法的事情要去做，而且做的時候，心裡抱著是自己應該做的事，而不是不得了的事情。

諸位都是社會菁英，都是有事業的人，常常會遇到公司股票行情上上下下的情形，如果你老是在事後懊悔因自己的錯估而少賺多賠，這不是絕觀，而是煩惱。若能做到不管股票漲跌，認為錢乃身外之物，不去管它，這才能解脫自在，不起煩惱。

很多人認為佛教徒應是如此，錢不要沒有關係，果真如此嗎？不！錢還是要的，問題只是在於你的心是牽牽掛掛，還是自自在在？心裡牽牽掛掛的，則不是絕觀，而是煩惱。

（一九九五年七月二十九日第十二次社會菁英禪修營聯誼會開示，刊於《法鼓》雜誌九十五期）

大地觀

大地，就是我們的地球，也是我們生長的土地；大地，猶如我們的母親。我們要體會大地的功德和恩惠，以及大地對我們的影響和功能；另外，也要進一步深思，我們究竟是怎麼對待大地的？這跟感恩、慚愧、懺悔是息息相關的。

我們是由母親生產出來的，而母親、父親是以什麼來生產我們？是細胞。細胞又是如何構成？是物質體。物質的構成則是父母吃了食物而來，而所有的食物都是直接或間接從大地生產而來。在生產期間，還必須靠陽光、空氣、水等等的功能，但主要還是因為有大地，才能夠有生產的著力點，沒有大地，就沒有生產物。

大地是我們最大的恩人

我們的身體出生後，叫作「呱呱落地」，意味著我們一生下來就在地上。即使有人是出生在飛機上，但是飛機的材料還是從地上生產出來的，所以，我們從出生到死亡為止，都是在地上。我們每天都生活在大地上，沒有大地，我們就無法存在。因此，大地是我們最大的恩人，大地對我們的恩德，是無法以言語來說明和比喻的。

可是，我們對大地又是什麼態度呢？我們看到的是對大地的任意糟蹋、破壞與侮辱。我們從大地得到許許多多的生活資源，卻把垃圾丟給大地；我們從大地取水、飲用、洗滌，然後再把髒的排泄物、用過的廢水又還給了大地。我們對大地的態度，可以說是「恩將仇報」。

然而，大地從來沒有說一聲：「你怎麼糟蹋我？你怎麼破壞我？」雖然現在有人提出警告：「我們破壞了自然環境，會遭到大地的反撲。」其實，「大地的反撲」這句話是不公平的，是我們沒有把自己的生活環境照顧好，自己糟蹋自己所造成的結果，大地不會將我們人類視為仇人而來報復我們。

這就像我們對著風掃地，揚起許多灰塵吹到自己的臉上，卻還指責說：「這些灰塵怎麼汙染了我的身體、我的面孔了？」這對灰塵是不公平的，灰塵並沒有要汙染我們，那是我們自己把灰塵揚起來以後，吹到臉上的結果。

我們周遭所有的一切，不管是動物、植物、礦物，都與大地連在一起。我們常說要心存感恩，感恩的對象是一切與我們生活有關的人和眾生，但是我們卻甚少想到這些都跟大地緊緊相連在一起。因為大地的關係，使我們人與人之間能夠互通互容，並且共存共生。

大地正如菩薩的心

許多人只知道要拜佛菩薩，其實，只要體會到大地的精神、大地的恩德、大地的功能，我們就能體驗到佛菩薩的心，因為佛菩薩的心與大地的心是相同的，只有奉獻、付出，不會要求回饋。佛菩薩是無限地貢獻、無限地來利益一切眾生，是非常非常地偉大，但是很少有人想到要感謝他們、回饋他們。

我們的心是不是與佛菩薩能夠相應？這端看我們平常在生命之中、生活之中對大地的體驗如何？如果無法體驗大地的恩德，而說要回饋恩人、感恩佛菩薩，這都是不真切的。

事實上，我們隨時隨地都可以報恩、感恩，我們對於大地的愛護，就是感恩；還有對於和大地相關的人、事、物給予關懷、照顧、愛護，也是一種感恩、回饋。很多人想到感恩時，一定要找到曾有恩於己的人，然後當面說句「我感謝你」，如此方式的感恩雖然好，卻不夠深切。因為當沒有面對恩人時，很容易就忘失了感恩心。

如果我們常常體驗到大地的功德，以及大地對我們的恩惠，那麼眼前所見的一切人、一切事、一切物，無一不令人生起感恩心，隨時隨處都可以是感恩的對象。當我們在禮拜時，雖然接觸的可能是地板，而不是真正的地面，但還是要感恩、體驗大地。因為不論地板是木頭的、磚頭的、還是水泥的地面，它本身就是從大地來的，都是大地的一部分。

我們經常用腳踩著大地，大地並沒有對我們說：「你侮辱我。」我們經常在地面上予取予求，大地並沒有對我們說：「你怎麼拿了我那麼多東西？」大地把我們當成是它的一部分，包容我們、寬待我們、接受我們、愛護我們，無論我們如何對待它，它都不會反撲。

它就像佛菩薩，或是偉大的父母、老師，或是親密的配偶、朋友，他們的付出是絕對沒有條件的。不是為了沽名釣譽，讓你來予取予求；也不是虛張聲勢，讓你在它身上走。無論我們如何對不起大地，它還是容恕我們、寬待我們，這就是大地的恩惠。

夜夜抱佛眠，朝朝還共起

因此，我們常說要感恩，究竟是感什麼恩呢？凡是大地眾生都是我們的恩人。意思是說，大地本身就承載著一切眾生，而一切眾生都是從大地所生產出來的，所以一切大地的生產物，都是我們感恩的對象。如果我們有對不起大地上任何一樣東西，或是一個人、一個眾生，我們就是對不起大地。

俗話說：「打狗要看主人。」若主人對你有恩有義，你就不忍心打他的狗。同樣地，一切萬物都是大地生出來的，可以說通通是大地的兒孫，既然大地對我們這麼好，我們又怎麼忍心對大地的兒孫有憤怒、瞋恨、嫉妒等不利的存心呢？否則就是忘恩負義、恩將仇報了。

如果我們這樣觀想，那麼當下你就是一個菩薩，就是一尊佛，就跟大地的精神合而為一。所謂「夜夜抱佛眠，朝朝還共起」，乍聽這句話好像很抽象，沒有辦法體會，但是當我們接觸大地的時候，我們不可能沒有感受。

當我們禮拜大地的時候，大地就在我們的面前，是身體所接觸到的，面孔所碰到的，這就是大地，感覺是那麼地親切。通常我們會對自己親愛的孩子、親人，抱一抱他們，或親一親他們，感覺是多麼地溫馨。可是我們對於大地，從來沒有想到過大地經常擁抱我們，也經常親我們、關懷我們。

我們所穿的衣服、所用的家具，還有晚上睡覺的床鋪、被子，一切的一切，全在大地的懷抱裡，但是我們從來沒有感覺到這是大地的恩惠。

所以，在禮拜大地的時候，要體會我們是不是對所有的人都當作是親人、恩人般看待呢？不管是順緣或逆緣，都是我們的恩人，因此可以說滿眼所見都是恩人。這種精神雖然不容易體會，但是要常常練習，尤其在禮拜大地的時候，特別會體會到，我們處處都接觸到恩人，也時時都在接受人家的恩惠。

如果不能體會，那就需要慚愧與懺悔，懺悔自己的心是那麼地剛強、那麼地頑劣。只要我們能夠體會到大地有那麼多的功德、那麼多的恩惠，我們就會對周遭的人都感到好親切，見到的時候，真想每一個人都抱他們一下，對他們說一聲「我真謝謝你！」並真誠地為他們祝福。

這種感覺只有在打坐幾天之後，當我們的心漸漸清淨後才能體驗到。在平常生活中，由於心地粗糙，很不容易體會大地的恩惠，好像大地跟我們沒有什麼關係。那就等於我們天天受恩惠，卻不知道恩惠是什麼？

其實，我們生命中的任何一部分都跟大地息息相關。聽說到現在為止，太陽系裡只有地球有空氣，這可以說是大地對我們人類的偉大恩惠。

藉由對大地的禮拜，我們應體驗到：在生命當中，恩惠來自於何處？並且時時刻刻抱著慚愧、懺悔、感恩的心對待大地，以及大地上的一切眾生。

（二〇〇一年二月十七至二十四日第一屆社會菁英禪七開示，刊於《人生》雜誌二一五期）

禪宗的頓漸法門

禪宗有「頓」和「漸」兩種法門，而且在這之間永遠爭論不休。什麼叫「頓」？什麼叫「漸」？「頓」是不立文字、不假語言，是離開語言文字的；反之，運用語言文字的就是「漸」。

可是禪宗能不能夠離開語言文字呢？離開了語言文字，還能不能講「頓」？這是一個問題。離開或不立文字的宗派稱為「臨濟宗」，由唐代惠能禪師所傳，屬於頓悟的法門。

惠能的頓悟法門

惠能禪師當時為了和神秀禪師爭取第六祖的位置，提出了「不立文字」，但是他真的不立文字嗎？他不僅留下了一部《壇經》，在他之後的每一代弟子也都有語錄。他用語言文字告訴我們不立文字，這是滿弔詭的事。不用語言文字時，究竟是怎麼回事？惠能禪師說：「當下即是。」沒有複雜的理論、哲學和觀念，當下即是。如果你有智慧，不需要講什麼理論給你聽，那當下就是。

惠能禪師聽到《金剛經》裡面的一句話「應無所住而生其心」便開悟了，這是不是文字呢？是文字。但他也指出非常重要的一點——不要用心計較、用心判斷、用心思考。因此，「應無所住」是心不住於內，不住於外；不住於惡，不住於善；不住於任何相，也不住於自己的心念。

「相」是什麼？包括心理現象、物質現象，以及種種社會現象都是相；聽到的、看到的、吃到的、抓到的，或者是你現在得到的位置、金錢、權勢等，這通通是相。不住於相，當下即是悟境、即是一種智慧心。但是要做到不住於相，很難。如果有一大筆錢，你不要去想：「這是錢，這是有用的。」所謂「有錢能使鬼推磨」，一想到是錢，便住於相了。

很多政治人物都希望做官，做更大的官，想盡辦法得到選票，有的人不擇手段，用種種的謀略、權術，無論得到的是大位或小位，都是住於官位的相；我們這個團體，要考核是否讓一個人出家，也要透過小組來投票表決，並非只是一個人的決定，而這也是一種相。在現代的社會要能不住於相，真是不簡單。

在禪堂修行、打坐時用方法觀空，觀一切東西都是不實在的，讓自己的心放空、身體放鬆，頭腦裡沒有東西，是可以做到暫時不住於相，但是起坐之後，全部又都回來了。所以，除了在打坐時心放空，沒有打坐時也要練習心放空。在日常生活中，凡是引起自己煩惱、痛苦、不平衡的事物，都要把它放空。你一放空，那些東西都不存在，否則本來沒有事，可是你不放空，就會被它捲進去，產生種種的不平衡或憤怒，自己變成了一個煩惱、沒有智慧的人。有智慧的人會怎樣做呢？打坐時能夠放空的東西，在日常生活之中也要把它放空。可是放空之後，是不是等於一個無知的人？不是。

「應無所住」下面還有一句「而生其心」，這個「心」是智慧心——明明知道有這些事，但是跟我沒有關係。世界上、社會上不好的現象，假使是由我造成的，我要改進，但不必煩惱；如果是別人造成的，便和我沒有關係，既然跟我沒有關係，那為何要煩惱？假如我有能力，就去改善它；假如沒有能力，或者是不能改善、改善不了，卻老是生氣，老是希望它改善，就成了多餘的煩惱；不需要的煩惱，而煩惱了，這是愚癡。事實上，我生活我的，根本不需要為這些事情心煩，如果要為這些事情煩惱，那就不是「應無所住而生其心」了。「無所住」是不因社會、自然、時間的各種狀況而煩惱、憂愁；「生其心」是產生反應的心，讓人能處理這些事，也能不把這些事放在心上。

譬如有一位在航空站工作的人，每天要面對大大小小的各種事情。在他的能力範圍之內，能處理的處理，這是「生其心」；假使沒有能力處理，或者是想幫別人處理，而別人不採納、不理會他的反應或建議，怎麼辦？那只有放下了！因為不是在他的權責範圍內，或者是非他能力所及，也做不了什麼事。如果他不斷地生氣，生長官的氣或別人的氣，是沒有用的，既然生氣沒有用，何必生氣？否則會有生不完的氣。因此，「應無所住而生其心」生的不是煩惱心，而是智慧心。智慧心告訴我們能做的要處理；不能做或環境不許可做的，能做多少算多少，要不然，就會整天都在生氣了。

禪宗所謂的「不立文字」，是指當下你能反應的事情，不需要再透過文字。現象發生了，要用文字語言去和別人理論嗎？理論是沒有用的，當下不生氣，當下能處理，這很重要；當下不能處理，當下沒有辦法化解問題，即使寫了很多文章，用文字闡述很多道理，仍然是沒有用的。

因此，禪宗的方法即是告訴我們，多省一點精神、多省一點力氣，若是無法不生氣時，那就打坐。你一打坐，把心暫時交給方法，生氣的心會慢慢地淡化，最後連心也不見了，便體驗到了「當下即是」；如果心還在，就沒有辦法看到「當下即是」。

何謂「當下即是」？是指不需要太多的理論、文字，看到什麼就是什麼，聽到什麼就是什麼，不需要用思想去研究、討論。雖然研究、討論還是有用，但是並非真正的有用，真正的有用是當下就有用，是我們用心去直接體會它，而這便是惠能禪師所傳的法門——「不立文字，當下即是」。

神秀的漸悟法門

通常和惠能禪師相提並論的是神秀禪師。五祖弘忍有十個徒弟，歷史上最有名的，一個是神秀，一個是惠能。神秀出家、親近弘忍的時間比較早，因此，大家都認為神秀會接五祖的傳法，成為第六祖，可是想不到弘忍卻把他的衣缽悄悄地傳給惠能，惠能成為理所當然的六祖。雖然後人沒有把神秀當成六祖，但是當時北方的皇帝武則天，將神秀封為「兩京法主，三帝國師」，顯示他非常受到宮廷的重視，勢力也很強，直到他圓寂以後。他有兩大弟子，也被唐朝的宮廷封為國師，十分了不起，並不像我們後人所認知的那樣平凡。

神秀和惠能的差別，在於所用法門的不同。惠能提倡頓悟法門：「不立文字，當下即是」；神秀提倡漸悟法門，從觀心開始，觀到自己的心只有一個念頭，就成為守心於一境。這個方法，實際上即是印度禪法所講的「心止於一境」。心如何達到一境？數息。從一到十反覆地數呼吸，數到最後不再數了，也沒必要再數呼吸，即安住於一種境界。到達這種境界時，要守住它，不要讓心跑掉。通常的人守心守不住，雖然偶爾可以使心住於一境，但一下子心就跑掉，變成散亂心了。能不斷地守心於一境，這是工夫。一直守下去，心會變成明鏡，成為不動心，心不動才是了不起的工夫。

任何境界在你面前出現，你的心始終是不動的，境界是境界，心是心，如同一面鏡子，鏡子是不會動的。當你的心成為一面鏡子，就可以看到、聽到所有的東西，但是心如如不動。到達了這種程度，心的智慧便會出現，這是神秀禪師的方法。這個方法好不好、有沒有用？當然有用。當你心如明鏡時，就有了明鏡的反映能力，而這能力即是智慧，你的心即是智慧心。

所以，神秀的方法也能讓我們開悟。神秀說：「身是菩提樹，心如明鏡台，時時勤拂拭，不使惹塵埃。」「身是菩提樹」，用這個身體來修行，能夠成道；心如明鏡台是指心的反映，全是智慧的反映，而不是煩惱的反映。明鏡是如實地反映，見到什麼就是什麼，不會有差別，而凡夫心裡的反映，往往帶有情緒，有種種的自我中心——自我中心裡的經驗，有自我中心的習慣，有自我中心的判斷與標準，這都不是明鏡，而是煩惱心。神秀所謂的「明鏡台」，並沒有自我中心的判斷、執著和觀點，有什麼就反映什麼，禪宗稱為「漢來漢現，胡來胡現」，亦即漢人來，就如實地把漢人的形象照出來；胡人來，也如實地把胡人的形象反映出來。

假使能成為明鏡台，實際上已經是開了悟，但是惠能卻把它全部否定掉。對於「菩提本無樹，明鏡亦非台，本來無一物，何處惹塵埃？」惠能認為：本來什麼也沒有，怎麼可能還有棵菩提樹？表示你還在執著；如果真正、徹底的智慧現前，又怎麼還有個明鏡台？既然根本沒有東西，為何還有鏡子需要常常擦？若是沒有鏡子，又怎麼會有塵埃染上去？這表示鏡子上還有東西。所以，神秀的偈子顯示出他開悟並未徹底，還有一些煩惱在。後來有人翻案做文章，說這是六祖惠能的弟子幫神秀寫的，神秀當時並沒有寫這樣一個偈子。其實神秀的境界並不亞於偈子所表達的，只是後來的傳說，都把神秀看成不如惠能，認為神秀尚未真正徹悟。

因此，「漸」是用觀心的方法，心到最後還有一點存在。守心、觀心；守靜、觀靜，靜也好，心也好，都是「有」。禪宗的智慧講「空」，是絕對的沒有，但在用方法時，假使一點也沒有，根本著不上力。所以，我們教人修行的時候，仍要教人從觀呼吸開始，觀呼吸觀到後來，心安定了，便能參話頭。話頭參到最後疑團粉碎，如大地落沉、山河粉碎，在此狀況下，沒有內、沒有外、沒有心，也沒有物質，什麼也沒有。這個時候，有沒有開悟的悟境呢？沒有，連開悟的悟境都被否定。如果覺得自己開了悟，表示還有一個開悟的悟境沒有放下，並沒有真正的開悟。

徹底開悟的人，不會承認他開悟：「胡說，你胡說，我開什麼悟啊！」好不容易把自我中心粉碎，結果還弄得一個「開悟」，這真是笑話。因此，脫離煩惱之後，還說有煩惱、還說有智慧，這都是錯的。已經開悟的人，沒有什麼煩惱會讓他困擾。

實際上，有煩惱的人，也可以用禪修的方法，練習成為煩惱少一點的人。譬如諸位用禪修的方法，就可以減少煩惱，從煩惱得到一些鬆綁的利益。如果禪修很久了，煩惱還是非常重，表示用方法有問題，沒有好好地掌握。如果你一打坐，煩惱就來了，你在煩惱中，一邊打坐一邊起煩惱；打坐完了，反而好像沒有煩惱，原因是你沒有好好地用方法，沒有把身體放鬆。修行一定要把身心放鬆，之後再用方法，如此心裡的種種障礙，就會暫時離開。

（二〇〇八年八月十七日講於北投農禪寺「社會菁英禪修營第六十次共修會」，原收錄於《二〇〇八法鼓山年鑑》）

禪宗對俱解脫的看法——心解脫者與慧解脫者之關係

這個主題，是具有相當高難度的，也具有高挑戰性的，站在禪宗的立場，是從來不討論這樣的問題的。不過出題目的，是貴校（澳洲雪梨大學〔University of Sydney〕）宗教系所的愛德華．克蘭格（Edward Fitzpatrick Crangle）教授，他本身是一位研究巴利系佛教的專家，也是一位修行人，要我來講講中國禪宗對「俱解脫」與「慧解脫」這兩個名詞的看法。

阿羅漢的解脫有兩類：一類是俱解脫，另一類則是慧解脫。從阿毘達磨主要的三部論中可以看到有關這樣的記載，一部是《雜阿毘曇心論》，一部是《俱舍論》，另一部則是《大毘婆沙論》。此外，在《中阿含經》裡，有釋迦牟尼佛告訴弟子舍利弗的一段話：「在座的五百位比丘之中，九十位得到三明，九十位得到俱解脫，三百二十位則是慧解脫。」得到三明的人必定也具備了六種神通。所謂神通，是包括凡夫、聖人都共有的神足通、天眼通、天耳通、他心通、宿命通等五通，再加上聖人才有的第六種神通，稱為漏盡通。因此，聖人得到的天眼通為天眼明，宿命通為宿命明，滅盡定為漏盡明，所以聖者所證三明的層次，要比凡夫所得的五種要高，也比一般聖者所證的六種神通要高。

在這五百位阿羅漢之中，只有九十位是得到三明、六通；另有九十位是得俱解脫，也就是已證滅盡定者，然而，得了滅盡定的，不一定能夠有六種神通；至於其餘的三百二十位比丘，雖然也都是阿羅漢，可是沒有得到六種神通及三種明，也沒有得到俱解脫的滅盡定，只是得到了慧解脫。從以上可知，證得阿羅漢的，有俱解脫阿羅漢以及慧解脫阿羅漢，但是在此二種阿羅漢之中，有神通的還是少數。因此，並不是說證得阿羅漢果的人全部都有神通；也不是說證得阿羅漢果的人全部都必須入定。

俱解脫與慧解脫之解釋

所謂俱解脫，是指次第禪定，也就是四禪八定，從色界的初禪到無色界的非想非非想處定。色界的四禪定，即為初禪、二禪、三禪、四禪；無色界的四處，即為識無邊處、空無邊處、無所有處、非想非非想處。對凡夫而言，由於不了解緣起法，不知道五蘊是空的，到了非想非非想處定，就進入了無心定，這不是解脫。可是聞到佛法的阿羅漢，根據緣起的原則和道理，知道五蘊是空的，因此到最後一定時，就進入了滅盡定。由此得知，五蘊構成的自我，不是真的我，只是假相的我，所以進入非想非非想處定時，就已出了三界；出三界，就是得解脫。

所謂慧解脫，是從自我中心的執著之苦，獲得釋放，那是聽聞佛說的緣起法，覺悟了人的生命是如何產生的？人為何會有生與死？覺悟了它的緣起是有無明，由於有無明的煩惱而產生種種的行為，因行為而產生種種的結果，才有了生命的事實。由於眾生未悟，便在生命的過程之中，感受到許許多多的束縛與困擾，生命的事實，就叫作苦諦。如果能夠從無明開始勘破放下，知道無明的本身不是真的一樁事實，乃是由於人對於苦樂等價值的執著，而構成自我，而有了無明，而產生煩惱；若是能夠不執著五蘊身心是我，無明的煩惱自然就不存在了；既然無明的煩惱不存在，馬上就得解脫。

所以，釋迦牟尼佛最初度的五位比丘，就是聽講緣起法而得解脫。佛未說四諦法前的五比丘，可能已有世間禪定的基礎，但開示五比丘的是緣起法而非習定法，所以，這五位比丘可能都是慧解脫阿羅漢。因此，慧解脫比較省力，不需要從初禪開始修定，直到無色界最高的定，這種工夫是相當深的，不容易修成。慧解脫只需在觀念上、知見上清楚了，馬上就能夠解脫。

中國禪宗即定即慧的解脫

現在，來介紹中國的禪宗，是否有這兩種解脫？的確，如果我們把禪宗的書籍全翻破了，可能還看不到這兩個名詞。那麼禪宗是不是講解脫呢？是的，禪宗的宗旨，也是解脫，絕對沒有問題。禪宗是直接從心的根本處著手、著力，在六祖惠能之前，有許多人會打坐、修定、在山林裡苦修，然而在記載中並未看到六祖惠能有打坐的紀錄。惠能禪師在出家之前，是位專門砍柴的樵夫，出家之後在廚房舂米，開悟之後則是依靠在獵人的隊伍裡看網，然後就去弘法度眾生。

至於他是如何得解脫？在《六祖壇經》裡看到他跟弟子惠明的對話，他教惠明開悟的方法就是「不思善、不思惡」，也就是教人不要用頭腦的知識或常識，去思考善與惡，當然也不思考大或小、方或圓、輕或重、淨或不淨等種種對立的問題，在此狀況下，再來找你自己的自我中心在哪裡，找你自己存在的著力點是在哪裡？其實已經一無所有了，哪兒還有自我呢！既已從自我中心的執著釋放出來，豈不就是解脫呢？這個「不思善、不思惡，什麼是你的本來面目」的方法，實際上就是禪宗的話頭禪法。

中國禪宗主張「言語道斷」、「心行處滅」。言語道斷，是指絕對不用語言文字的符號來說明表達。心行處滅，是指絕對不依心理的行為做思量測度。心，是妄想心；行，是念頭的連續；處，是心念的著力點。斷是隔絕切除，滅是不起作用。如果當下能夠悟到「言語道斷」的不可議，「心行處滅」的不可思，合起來便是不可思議的定慧俱解脫。如實的智慧是不可思議的，平等的慈悲是不可思議的，因為都不是可用心念思量及語言議論的。不用語言道，不依心行處，是最高的定境；卻又有悲智的功能，是甚深的般若。

六祖惠能是聽到《金剛經》裡的一句話「應無所住而生其心」而開悟的。無所住，是指心不執著任何一樣事情、任何一種狀況，乃是定的功能，同時又有無漏慧的作用，所以並非心住於一境的定境。無著、無住、無相的智慧心和慈悲心，都是在生活之中表露出來，照樣地生活，照樣地待人接物。然而，在生活之中，心不會受到環境的影響而起波動，而有煩惱，實際上這就是俱解脫。中國禪宗六祖惠能的法門是「即定即慧」的，也就是說「即慧之時定在慧，即定之時慧在定」。不過，阿毘達磨所說的俱解脫，乃是依次第禪定，進入滅盡定之後，就是在定中了。

超越自我中心，處處得解脫

中國禪宗曾有一位禪師說：「有佛處，急走過；無佛處，不得住。」意思是說，沒有佛的地方不必停留，既然心外沒有佛了，何必還要執著地說沒有佛呢？有佛的地方就趕快不要管它，如果執著心外有佛，那也是麻煩事。不著有佛，不著無佛，便是無著、無住、無相的悟境。

我傳承了臨濟宗和曹洞宗兩個系統的禪法，不過，多數人比較常聽聞臨濟宗的禪法，現在我簡單介紹一下曹洞宗的禪修方法，日本稱它為「只管打坐」，在中國稱之為「默照」，那是「默而常照、照而常默」的一種修行方法。也就是說默的時候，心念不起波動、不生執著、沒有妄想分別；照的時候，清清楚楚地知道心內心外的一切現象和狀況。默照同時，便能隨時隨地都不受任何內外狀況的影響，但是又可以在日常生活環境之中，應對處理所有的一切事物。

運用到生活上，在面對生活的環境，或者是面對自己的身心狀況時，要超越於自我中心，不要用自我中心來看生活的環境，不要用自我中心來看自己的身心狀況。要用超越自我的心態來看環境、來看自我、來看自我的身心。也就是說，這一個人的心理狀況是什麼？環境狀況是什麼？不是自我的狀況是什麼？不把「我執」放進去，這既是定的功力，同時也是慧的作用。

開始用默照的方法時，還是需要打坐，先觀呼吸，次觀身體，再觀心的狀況，漸漸地由身心統一，而身心跟環境統一，然後超越自我，把自我從身心和環境裡抽離出來，不住內，不住外，也不住內外中間，便是中觀了。

根據大乘經典說：「如來常在定，無有不定時。」也就是說，佛在日常生活裡，無一時不住在定中，因此，中國的大乘禪法，並不一定要修習次第禪定。而且主張道在平常日用中，所以穿衣喫飯都是禪，如果能夠超越自我中心，常常擺脫自我中心，日常生活裡就無一不是禪，也就處處得解脫了。可見，禪宗的即定即慧的解脫論，也不等同於阿毘達磨所說的俱解脫了。

（二〇〇四年四月二十二日講於澳洲雪梨大學宗教系，姚世莊居士整理，刊於《人生》雜誌二六〇期）

禪學與禪文化的人間性

首先我要解釋這三個名詞：禪學、禪文化、人間性。

禪學，是指對於禪的學術性研究，凡是關於禪宗的資料、禪師們的風格、禪師們的語錄，乃至於包括禪宗史的演變等，都叫作禪學。

禪文化，是指禪宗在中國社會流傳的過程之中，所產生的種種影響，以及現在我們可以看到和接觸到種種禪的文物、遺跡，以及它的思想，而形成對於人類文化另一種型態的影響，包括現實生活之中的語言、詞彙、日用品、生活步調、風俗習慣、宗教信仰等等，均屬於禪的文化。

至於人間性，是指禪宗的發展，在人間社會所產生的種種功能，而非逃避現實、離群獨居，或者是隱世、厭世型的生活方式。中國禪宗的六祖惠能大師，曾經在他的語錄《六祖壇經》裡說道：「佛法在世間，不離世間覺，離世覓菩提，恰如求兔角。」又說：「在家出家，但依此修。」意思是說，禪法並不是出家人的專利，在家人也可以修的。即便是出家人的修行，也是以群體的生活為原則，因此有著非常濃厚的人間性。例如有所謂「十字街頭好參禪」、「人在公門好修行」等。

一、禪學

禪，這個字，在印度叫作「禪那」（dhyāna），翻譯成中文是「靜慮」的意思。原來是指通過禪定的修持，而沉澱、統一自己的心念，最終融化了自我中心，叫作解脫。因此，解脫必須從修「定」開始。「定」的定義，是指「心住一境」、「念止於一」，就是把妄想雜念集中起來，不再散亂，也不昏沉，使得心念穩定、安靜明朗，叫作入定。

而中國的禪宗，是與生活結合在一起的，這與印度早期的「禪那」有所不同。《六祖壇經》說：「有人教坐，看心觀靜，不動不起，從此置功。迷人不會，便執成顛，如此者眾，如是相教，故知大錯。」這段話的意思，是教人不要一味遵循傳統的方法打坐，比如「看心觀靜」是靜慮，「不動不起」為打坐，這些都是比較消極的方式，也有逃避現實生活的過失，如果認定這就是修行，那是很不正確的。

禪宗史上有一個相當有趣的例子，便是第七祖南嶽懷讓禪師，初始見到八祖馬祖道一的時候，看到馬祖整天都在打坐，於是懷讓禪師拿起了一塊磚，對著馬祖在一方石頭上不停地磨，一磨便是好幾天。馬祖於是好奇地問：「禪師為什麼磨磚呢？」懷讓說：「我希望磨磚成鏡啊！」馬祖覺得好笑，磚頭怎麼可能磨成鏡子呢？此時，懷讓也問他：「你打坐為了什麼呢？」道一說：「我想成佛！」懷讓便說：「既然磨磚不能成鏡，打坐又怎麼可能成佛呢？」馬祖道一的心頭不覺為之一震，於是請教懷讓對於成佛的修行方法，懷讓則反問他：「有一條牛拉車上山坡，結果車子不動了，請問該打牛還是打車？」馬祖說：「當然是打牛！」懷讓便說：「這就對了！」當下馬祖便開悟了。

此外，《六祖壇經》也說：當你正在「不思善、不思惡」時，立即便見你的本來面目。所謂不思善、不思惡，就是不要夾雜任何一絲絲的主觀意識，來衡量一切的狀況，其實狀況本身無所謂善或惡，而是各自有其發生之原因的。善惡是人給的標籤，雖有大眾共同的判斷標準，但也不一定正確，也未必就是那樣，因為有了善惡的判斷，心中就產生了愛恨、取捨等的牽掛、障礙。至於什麼是本來面目呢？就是超越於自我中心的種種煩惱、執著、障礙，便是《心經》所說的「心無罣礙」，又叫作「空」、「無我」、「明心」、「見性」。明心是罣礙心獲得自在，見性是悟見本來面目的自性，至於自性是什麼呢？其實根本沒有一樣實體的東西叫作「自性」，由於一切現象都只是因緣生滅的過程，正所謂「諸法因緣生，自性本來空」。諸法自性，即是不生不滅、不來不去、不垢不淨的空性，所以只要不思善、不思惡，便能開悟見性。

二、禪文化

禪學從印度傳至中國，歷經遷演而轉化成為中國主流文化的一部分，主要是盛行於第八世紀，一直到宋朝為止，誕生了許多優秀的禪師人才。甚至從中國歷史來看，自魏晉南北朝到北宋初期的這段期間，全中國最有豪氣才情的菁英，大多出自於禪門。

但是禪宗，也並非一成不變，它有高度的適應性，可以因人、因時、因地而呈現出多樣性，即是不同的禪風；以不同的禪師個人，面對不同的時空背景，出現不同的風采。雖然禪師們都穿著和尚的衣服，但是由於他們各自的性格不同，對於學生訓練的方式也互有千秋，因此而形成了日後所謂禪門的「五家七宗」。五家，是指臨濟、曹洞、雲門、法眼和溈仰，其中從臨濟宗又分出黃龍和楊岐兩派，合成為七宗。後代號稱「臨濟兒孫滿天下」，其實大多是屬於臨濟宗的楊岐派。

中國禪宗自初祖菩提達摩開始，就主張不立文字，意思是不以語言文字為它的依據。可是非常弔詭的是，在中國佛教史上留下最多文獻的宗派便是禪宗，反而強調重視語言文字的宗派，如天台宗、華嚴宗、三論宗、唯識宗等的著作分量，都不如禪宗來得多。為什麼呢？因為歷代的禪宗祖師，雖然都教人不立文字，但是每位禪師講的語錄不盡相同，如果是千篇一律，也就不值得流傳了。而歷代禪師們的語錄，便是禪宗的智慧結晶，既是禪學，也是禪文化的遺產。

禪文化的影響範圍應該很廣，包括詩歌、繪畫、建築、武術、飲食、生活衛生、語言、詞彙、人生觀及宗教信仰等。故其傳入日本之後，影響所及，更是明顯，所謂茶道、花道、書道、劍道，乃至武士道等，都有禪文化的影子在內。

三、人間性

為什麼說禪學是人間性的呢？因為禪宗是一種生活化的佛教，例如我們知道六祖惠能大師，原來是個樵夫，在他尚未開悟之前，靠著打樵、砍柴維生，而他親近五祖弘忍禪師的時候，就是在廚房裡舂米打雜。等到他開悟以後，離開五祖，去了南方，隱身於獵人隊伍之中，長達十餘年，過著吃肉鍋邊菜，為獵人守網的生活。他的生活不會拘泥於某一種形式，是非常活潑的。而當他開悟的時候，還是個在家人。事實上，在中國的禪宗史上，在家居士開悟的例子還滿多的。又如禪師們主張，洗缽、砍柴、挑水、掃地等的工作，都是禪修的場域。

此外，在禪宗史上，我們也可以見到，許多的禪師本身雖然不是學問家，多半的禪師也讀了許多書，也留下來許多的語錄，文字相當簡明流暢，卻都是用口語方言，乃至會用通俗語。這些詩僧影響了當時的文學家、詩人，繼而影響了中國的語文。

他們盡量不用生澀的佛學專門語彙，而用平常人在生活中熟用的語彙，例如「麻三斤」、「喫茶去」、「梅子熟了」、「鼻孔是向下的」、「香嚴上樹」、

「桶底脫落」、「庭前柏樹子」等等機鋒語，雖然看來莫測高深，其實只要以平常心來看，禪境不離現實生活，所不同的是，但問你的心中有無牽掛障礙而已。

四、禪的日常生活

最後我要說明：既然禪是人間性的，是與日常生活融合一起的，那麼普通人的生活就是禪的修行生活嗎？當然不是，如果不能掌握「不思善、不思惡」的原則，便不免會被稱為紅塵的煩惱心所困擾，自然不是修行的生活態度。不思善惡，並不等於是無知的生活，而是如《金剛經》所說：「應無所住而生其心。」就是心中沒有成見的牽掛、沒有自我主觀的影子，而仍要有超越於自我中心的種種應對，應當怎麼處理便怎麼處理；不是以自我中心來做判斷，而是面對任何的人、事、物，都給予恰如其分際的處理，這就是在日常生活中的禪修型態。

（本文二〇〇五年四月二十八日講於南京大學，刊於《人生》雜誌二六五期）

禪學與心靈環保

一、禪學

首先我要講：「禪」是什麼？在印度梵文之中，叫作「禪那」，意思是靜慮，凡是修行禪定的方法、過程和結果等範疇，都叫作禪那。它具有一定的層次，稱為「四禪八定」，但是從佛法的立場來講，除了四禪八定之外，尚有一定，合稱「九次第定」。

其實，印度其他的宗教雖然也修行禪定，但都無法得解脫，至多只能超越個人的小我，得到統一心，而無法超越與宇宙合一的大我，也就是由統一心而進入無心的自在境。所謂統一心，即是天人合一，就是個人的身心和所處時空環境合而為一的體驗，是屬於四禪八定的層次。可是在佛教來講，最終要超越於自己的身心和身心所處的環境，既要化解個人的小我或私我，也要消融跟宇宙同體的大我或神我，才是解脫定。

佛教傳到中國以後，早期從印度引進翻譯成漢文的禪修相關經典，大致上仍然是修習九次第定的方法。因此，在六祖惠能之前的中國禪師們，大都是澗飲木食，獨居深山或者是到人煙稀少的地方；所謂的「訪道尋師」，多半就是走入山林之中，跟隱士型態的禪修者學道。此與後來興起的禪宗風格，是大不相同的。中國禪宗強調的是，當下要把自我心中的牽掛、執著，徹底放下，當下便是解脫的自在人，叫作頓悟。悟什麼呢？實際上就是悟到用無我的智慧，因應一切的狀態。

例如，常有人說要「看破紅塵」，這原本是一句禪語。紅塵，指的是煩惱，包括貪、瞋、癡、慢、疑等等的心理現象。之所以被形容成「紅塵」，因為煩惱能為人帶來心火，是發動燥熱的能量，所以稱為煩惱火，又叫作無明火，而火焰的顏色是紅的。塵，是指塵勞，心裡有煩惱的塵，就會感到勞累，就像是一層塵埃，把清明如鏡的心遮住了，由於看不清楚鏡中的影像，所以勞累，除去了塵勞，心鏡便是清明開朗的，便能發揮如實反映的作用。也就是說，煩惱本來不存在，只要能跳出自我中心的價值判斷、利益衝突、利害得失和種種牽掛，就不會有煩惱了，這叫作「看破紅塵」，實際上就是頓悟。

因此，禪宗主張以「悟」為重，「悟」了以後，「定」的功能便會伴隨悟的力量一起呈現出來。真正開悟之後，自己的心就不會隨波逐流，不受威脅、利誘、恐嚇等等狀況所影響，因此也沒有怨恨、恐懼、懷疑等等心理現象產生，這叫作頓悟成佛。佛的意思是「覺」，看破了紅塵煩惱，就是覺。

二、心靈的層次

關於「心靈」的討論，可分成幾個層次來探索。第一層次是屬於情緒的；第二層次是屬於心理的；第三層次是屬於精神的，而精神的層次，又可分為以自我為中心的精神層面及超越自我中心的精神層面。

（一）情緒問題往往都是出於自害害人的心理現象，如多愁善感、暴喜暴怒、出爾反爾、愛恨交加、患得患失等，都與情緒有關。既然叫作情緒，可知不一定是有理性的，多半是非理性的，所以，情緒容易波動的人，他的人格特質，就是喜怒無常、忽冷忽熱，非常地不穩定。

（二）心理的層次，可分為感性的心理活動，以及理性的心理活動。感性的心理活動，不一定是壞事，只要不是自害害人的感性，都是很好，例如同情心、同理心、愛心、布施心、與人為善的心、包容心、諒解心等等，這不一定是理性的，也許在旁人看來，是很傻、不值得、不合理，但是自己心甘情願、不計回饋地付出、退讓，這是一種美德。理性的心理活動，則是經過深思熟慮、邏輯的分析，以及客觀的考察。譬如從事學習研究、擬訂計畫，或者是經商、開會、工作的時候，都需要用頭腦思考、聚精會神地投入，這是人類能夠進步成長的動力。

（三）以自我為中心的精神層面，是指能夠以個人的言行舉止影響其他的人，或者是為自己的生活調劑、規畫，而朝向理想的目標邁進，這便是精神。比如說，有人寫了一本小說，讓讀者看了流淚、歡喜，深受感動，這便是呈現了小說家的精神；或者是一幅畫，讓觀賞者動容，甚至於一道菜，讓吃的人懷念不已，這都是精神的散發。因此日本人說，一個家庭主婦只要是全心、用心地做一道菜，便是美食。這是日常生活之中屬於精神層面的部分。因此，各行各業的人，只要全心地付出，能夠自利利人，不論是有無人知，不論會不會在歷史上留名，凡是對現在乃至未來的人群有益，都是精神產業。

此外，精神的層面，也包括了宗教信仰。精神層面的宗教信仰，能夠使得人在無奈的狀況下，心裡得到安慰；在危險的時候，內心有安全感；在什麼都失去的時候，找到心靈的依託；對於生命的意義和價值，明朗開闊，明白為何而生？為何而活？對於死亡，不會恐懼，而是抱著無限的希望；對於整個世界的眾生，充滿了愛和慈悲心。這便是宗教家的精神，是由宗教信仰產生的精神。

世界上許多的宗教，甚至包括大部分的佛教徒在內，也具有一種求福報的精神層次，使得信仰者嚮往今生做好事，把功德儲存於天國，來日到天國享天福，或者是求生到佛國，便能過無憂、無慮、無煩惱的日子；或者是這一生做好事，求得來生過得更好一些；或者今天做好事，目的是希望長壽健康、家庭和樂、事業順利、兒女孝順、聰明智慧、前途光明遠大等等。這些都是屬於宗教信仰中有我的精神層面，還沒有超越自我。

（四）超越自我中心的精神層面，乃是禪的層面，如何超越？就是《六祖壇經》講的「無住無往亦無來」。無住，是不要牽掛，不要在乎；無往，是沒有什麼時空可以去的，也不是真有什麼東西可受損失；無來，是沒有什麼時空可以來的，也不是真有什麼東西可被獲得的。所以《壇經》裡要說明的是，假如東方人念佛，為了趣向西方，那麼西方人念佛，該到哪裡去呢？

因此佛的名字，又叫作「如來」，梵文 Tathāgata 譯作「如來」，也可譯作「如去」，實際上是不來也不去。對眾生來講，我們需要佛，便有釋迦佛出現人間，就好像是佛來了，由於凡夫未開智慧眼，見不到佛的法性身，又像是佛去了。但是對一個已經解脫的人來說，佛是遍於時空而又不即等於特定的時空，所以佛是不來不去的。因此，在臺灣圓寂的現代高僧廣欽老和尚，臨終前說了：「不來不去，根本沒有事。」實際上，便是《心經》所講的「不生不滅，不垢不淨，不增不減」的心無罣礙。這是真正的自在，也就是心靈環保的極致。

但是，這種超越自我中心的精神層面，絕對不是消極的，而且正好相反，是徹底積極的，對自己而言是無事可做；對眾生而言，則是眾生有盡，我願無窮。正因為自己無事，心無罣礙，便全力以赴，專做利益眾生的事。自己心中無牽掛，不受任何影響，便是下面要講的心靈環保了。

三、心靈環保

什麼叫作環保？環保，是對於環境的保護。我們有生活的環境、有大自然的環境，也當有心靈的環境。心靈的環境，可包括情緒的、心理的、精神的各種層面。但是一般人習以為常，竟不知心靈所受汙染之程度，深而且廣，生活環境及自然環境遭受汙染及破壞，源頭即是心靈環境所受的汙染太嚴重了。

人的心靈，是很容易受汙染的，心靈常受「利、衰、毀、譽、稱、譏、苦、樂」的八種境界之風所吹動，常被名、位、權、勢所汙染，常給非分的欲望所糟蹋。於是產生天人交戰的痛苦，良知與私欲的矛盾，取捨之間的困擾。這些都是心靈的環境受到了威脅。如何防止心靈不被環境所汙染呢？那便是需要運用禪修的觀念和方法了。

凡是有分辨善惡是非能力的人，都會知道如果不是自己分內應該得到的、如果不是實至名歸的、如果不是自己的能力和條件所可以做到的，大概不會盲目地追求。但是，心存僥倖，貪得無厭，患得患失，得隴望蜀的情況，卻很難避免。尤其是財、色、名、位的誘惑，無妄之災的衝激，怨誣毀謗的打擊，更加難以承受了。

如果能用禪修的觀念，告訴自己「無住無往亦無來」，何必在乎這些？但求自己心安，無論貧富貴賤、榮辱得失都好。如果再用禪修的方法，來放鬆身心、體驗身心、放下身心的自我中心，便能夠使得自己的心不再被任何誘惑及刺激所搖動、汙染了，這便是心靈環保。

我們法鼓山，便是一個以推動心靈環保為主軸的環保團體，由心靈再推展出禮儀環保、生活環保、自然環保。心靈環保的內容，除了禪修之外，尚有「心五四運動」，那便是：

四安：安心、安身、安家、安業。

四要：需要、想要、能要、該要。

四感：感恩、感謝、感化、感動。

四它：面對它、接受它、處理它、放下它。

四福：知福、惜福、培福、種福。

（二〇〇五年四月二十九日講於廣州中山大學，原收錄於《二〇〇五法鼓山年鑑》）

大乘禪定的修行

今天是新年後第一次共修，祝福大家新年如意，身心健康、事業順利、家庭平安。

我們今年的主題是「好願在人間」，希望大家彼此祝福，互相鼓勵許願。發願、許願，有大有小，有好有壞，但我們希望大家都是發好願，對自己、對他人、對社會、對全世界都有好處的願。由自身開始做起，存好心、說好話、做好事、許好願，大家都這麼做的話，就能轉好運了。我們對別人的祝福要誠懇，用語言和行為真正鼓勵和讚美別人，祝福祈願佛菩薩為他帶來平安、好運。對自己要有信心，不要懷疑。

除夕夜法鼓山舉行了一項撞鐘的儀式，兩位總統候選人也都蒞臨現場，我做了一段簡短的開示，鼓勵他們說好話、做好事，把好願留在人間。我告訴他們，總統競選是君子之爭，雙方都要從自身的誠信做起。其實我們每個人都應該守誠信，無誠信不能取信於人，會造成社會問題，所以說好話、做好事，努力做一個好人是很根本的事。但是，何謂「好人」？何謂「壞人」呢？壞人有時也會做好事，而好人有時也會說壞話，所以我們經常要從內心反省自己、糾正自己，時常說好話、做好事，轉變自己的命運，然後社會的命運也會轉變，整體大環境轉好時，人人就都能受惠其中。我們不能只求自己陞官發財，只希望自己好、家人好，有能力的人應該回饋社會，多參加慈善公益活動。不是只有有錢人才能夠做功德，有錢、沒錢的定義很難下，有的人有一千萬存款，但捨不得布施一分一毫；但有的人雖然沒有多少存款，卻懂得慷慨解囊。

希望諸位把「好願在人間」做為年度努力的目標，不僅在自身、家庭中實踐，也推廣出去，鼓勵他人在任何時間、任何地點都要發好願。當別人說我們的壞話時，請不要反擊，而是要反省，並且勸勉別人說好話、讚美的話、正面的話。人與人相處，口不出惡言，因為口不擇言，不但傷人，也傷害自己。別人傷害你，你不反擊，至少只有一方受傷害；你體諒別人，不想傷害他，所以不用惡言反擊，甚且還以包容、理解的態度來對待他，與他人和睦相處，環境就會變得和諧平安。

大乘禪定的「究竟空」

今天我要講禪宗語錄中的一段話，這是胡適之先生在歐洲的圖書館參考敦煌文獻時，發現《神會語錄》的殘卷，加以整理而結集編成《神會和尚遺集》中的一段，這段話闡述了中國漢傳佛教的精華。神會禪師是唐朝六祖惠能大師的弟子，六祖在世之時，並未將中國禪宗建立起來，他這一派是所謂的「南宗」。而當時的「北宗」乃由六祖的師兄神秀的弟子所執掌，他們在北方朝廷方面的影響力很大。當神會禪師到了北方以後，與北宗在佛法的見解上有了爭執、起了爭論，神會禪師辯倒了神秀弟子所講的佛法，後來神秀這一派到了第三代就不見傳人了。而惠能大師這一派，由於弟子神會禪師把禪宗帶到北方，並且在北方發揚光大，受到朝廷的重視，禪宗因此得以弘揚。後來在南方普遍流傳的《六祖壇經》，實際上是由神會禪師從北方傳出來的。

有人問神會，什麼是「大乘禪定」？神會回答：「大乘定者，不用心，不看心，不看靜，不觀空，不住心，不澄心，不遠看，不近看，無十方，不降伏，無怖畏，無分別，不沉空，不住寂，一切妄相不生，是大乘禪定。」

小乘禪定則一定要抓住一樣東西來修。比如修不淨觀，是以一項不淨的對象來觀，或是看自己的心是動或是靜。抓住心的動態和靜態，觀到最後，就變成空。佛法講空，空是空掉外境，也空掉內心的自我。小乘的人修行一定要在靜態之下，首先心要安靜，環境也要安靜，觀靜態，觀到後來，靜態也沒有了，身、心、世界合而為一，最後連合而為一都沒有，就成了空。小乘是從「有」觀到「空」。在沒有修行之前，被「有」困擾；修行之後，「有」已經不困擾自己，可是自己在哪裡？在空裡面，在空、空寂、寂滅之中，對小乘來講，這樣已經得到解脫。

而大乘否定一切執取，不觀心、不觀境、不觀空，也就是所有的有和沒有都放下。小乘是從有觀到沒有，但大乘既不抓有也不抓空，兩樣都不抓，那麼是在哪裡呢？是在日常生活中。在日常生活中體驗一切活活潑潑的存在，就是「禪」。但這與一般沒有修禪的凡夫所不同的是，少了一樣自我中心，因為自我中心會帶來煩惱，帶來麻煩，不管是有或是空，都會帶來煩惱，所以小乘不究竟。

大乘既不觀空，也不觀有；既不住於空，也不住於有。那麼在哪裡呢？就是

《金剛經》講的「應無所住而生其心」。「應無所住」是不住於任何世間法、出世間法；有或沒有，空或不空，都不執著，但是心還是有智慧的功能。智慧的功能是「應無所住而生其心」，生的是智慧心。在平常生活中照樣活動，照樣有反應，但沒有自我中心的執著、煩惱，或者情緒的波動。小乘的解脫已經沒有情緒的活動，大乘的解脫也沒有情緒的活動，但還是有心態的活動。

神會禪師把六祖惠能大師的禪宗精神解釋得非常清楚。中國禪宗與藏傳、南傳不同，中國禪宗非常簡單，而且活潑，不像小乘法門修行了幾十年，只看自己的心、呼吸或是身體、環境，長期待在山中不受他人干擾的修行方式。小乘修行者可能會修行成功，得解脫。這種解脫是不受環境影響，無煩惱、無情緒，但必須離開現實的世間、人間，所以小乘是自了漢，只求自己解脫，不管世間凡人俗事。

中國禪宗則不同。中國禪宗在日常生活中，練習著自己不受環境影響困擾，而得到解脫。這是惠能大師或神會禪師發明的嗎？不是的。在釋迦牟尼佛時代，沒有大、小乘的分別，小乘是一小派出家人，他們害怕世間煩惱影響到他們，所以避開世間，只注重個人修行。大乘不同，他們一邊自己修行，一邊度化眾生，也就是實踐「應無所住而生其心」。無所住，是沒想到自我的利害得失，但對於眾生生老病死種種的苦難，都盡自己的力量幫助他們化解，而不在乎自己能否解脫，他們沒有這個得失問題，卻得到了解脫。這其實是大解脫，這是中國禪法的特色。

現在有些外國學者，希望把中國、西藏和南傳（泰、緬）的佛教做比較，他們想以小乘的禪定做為標準，但這是無從比較的。一個是觀空、觀有，什麼都觀；一個是什麼都不觀、都放下。中國禪沒有東西可抓，但它適應時代潮流，適合所有在家人和出家人，只要體會《金剛經》的名句「應無所住而生其心」，在任何環境都可以修行中國禪法。無所住，就是定；而生其心，其心有活動，但未曾離開過禪定。離開禪定，就是沒有智慧。

我是個沒有智慧的人，但對事情總是能夠處之泰然，其他人認為不得了、天塌下來的事情，到了我的面前，就不是問題了。問題其實不是問題，隨時可以迎刃而解，這就是學習中國禪法的好處。中國禪不觀心、不觀境、不觀空、不觀有，什麼都不觀，觀落入小乘，大乘什麼都不觀，就是無住生心，六祖就是聽了這句話而開悟的。我現在已經把大乘的悟境和用法都傳授給大家了，祝福大家。

（二〇〇八年二月十七日講於北投農禪寺「社會菁英禪修營第五十八次共修會」，原收錄於《二〇〇八法鼓山年鑑》）

夢中人的夢話

一

自從我於一九七六年五月間，在美國紐約的大覺寺，開始教授佛教的修行方法之後，偶爾和學生們談起剋期取證的精進禪七，以及禪七的生活規範，禪七中所發生的種種身心反應。當時有一位美國居士菲力浦・凱普樓（Philip Kapleau）所寫的一部《禪門三柱》（*The Three Pillars of Zen*），在美國也非常流行，那部書裡便有關於精進禪七與修證經驗的敘述和介紹。我的幾位美國學生，對禪七抱有相當急切的熱望，但因一時間不易找到適合打禪七的道場而遲遲未能達成願望。直到過了一年，那是一九七七年的五月，美國佛教會的資助者，也是我個人的護持者，沈公家楨長者夫婦，願將他們位於長島而濱臨大西洋海岸的別莊「菩提精舍」借給我們舉辦一次禪七。那次禪七，連我和協助我的日常法師在內，一共僅得九人，卻是一次非常成功的禪七，內有三位青年得到了相當不錯的體驗。尤其是一位名叫史蒂文生（Dan Stevenson）的青年，悟性之高，用功之力，使我想到太虛大師環遊歐美時所說的一句：「西方有聖人之材而無聖人之學。」一旦他們有了成為聖賢的學問和方法，西方人似乎比東方人更有潛力。這也使我奠定了繼續在西方弘揚佛法並傳授修行方法的信念和心願。迄今我在紐約已舉辦了十次以上的禪七，頭上的五次，借用菩提精舍，第六次借用靠近紐約州首府阿爾巴尼（Albany）的大乘寺。一九七九年五月起，在紐約市皇后區與弟子十數人租屋成立禪中心。是年底，我們有了屬於自己這個團體的一棟二層樓房，命名為中華佛教文化館（The Institute of Chung-Hwa Buddhist Culture）附屬的東初禪寺，規模雖小，但在沒有錢又缺少外護的情況下，僅憑我的信心而能至此，實在要感謝三寶的加被之恩。從去（一九八〇）年起，我們計畫，每年可在紐約的道場舉辦四次禪七。

在菩提精舍舉辦了第一次禪七之後，沈公家楨長者聽完參加者所作心得報告的錄音帶，便鼓勵我找人把它整理出來，印成小冊發送結緣，因此創辦了打字影印的英文季刊《禪》雜誌（*Chan Magazine*），最初僅供發表禪七的心得報告及刊登我們的一些活動消息。到一九七九年十一月，增加了一份每月一期的《禪通訊》（*Chan Newsletter*），刊出消息以及一篇我的講稿或訪問談話。而《禪》雜誌的性質除了選刊禪七心得報告之外，更增加篇幅，著重於刊出漢文佛典的英譯以及我對禪宗重要文獻的英文講錄。這兩種定期印刷品，雖然仍係草創形態，但它不僅鼓舞了我的美國弟子們推動弘化工作的熱心，也真的受到了不少讀者的歡迎。

二

我在臺灣，傳授修行方法的因緣，是因我的剃度恩師東初老人於一九七七年十二月十五日圓寂之後，我便受其遺命兼管臺北的祖庭中華佛教文化館。一九七八年三月，又受美國佛教會董事會之懇請，要我兼管該會設在臺灣的譯經院，並與中華佛教文化館合作經營，將譯經院從新竹市的福嚴精舍遷至北投。當時的譯員包括一位美國小姐共四人，都是在英文、國文、佛學上有很高造詣的青年人才，只是以譯經人員的標準來說，最好也能具有相當程度的修證經驗，那就更理想了，否則僅從文字的表面理解佛經，總不免有所不足。四月底，回到美國與沈公長者談及，他也有此同感，故希望我能在下次回臺灣時，為譯經院的同仁在修持方面做些輔導。同年九月，回到臺北後，與數位善知識談起禪七的事，他們也早在各佛刊上讀到了有關我在美國指導修行方法以及禪七的報導，所以勸請我盡快舉辦。十月初，在中國佛教會由悟明長老邀請的演講會上，講完「禪在美國」之後，即宣布自十一月四日至十八日，於北投的本館舉辦兩次禪七。報名的人並不多，又與《慧炬》雜誌的周宣德長者聯絡，給了我一份大專學生彌勒佛學研究獎學金的得獎者名單。通知發出後，反應也不熱烈，但是以我譯經院以及文化館信眾相加共有十來位居士作基本，總算使我在國內跨出了指導修持方法的第一步，而且成績也不錯，共有五人得到相當好的體驗。

自此，我在臺灣主持禪七的風格，即被一些參加過的人，傳播開來。因我兼顧臺灣與美國兩地的研究所及道場，每隔三個月，必須出國一趟，再過三個月，一定回到國內來。可是當我還在國外時，已接受國內熱心者的要求，安排好了回國之後打禪七的日期；同樣的，當我尚未出國前，美國的弟子們已為我安排好了返美之後打禪七的日期。看起來，我似乎就是為了打禪七而奔馳於臺北與紐約之間；因此被人送了一個「禪師」的稱號，其實我是以弘揚佛陀教義為宗旨的比丘。以晚唐以下傳統禪宗的立場而言，我應該是一位法師，若以天台宗的初祖慧思、二祖智顗，乃至華嚴宗的五祖宗密、明末的雲棲袾宏等，均被稱為禪師而言，我之能被視為禪師，當是一大殊榮了。

三

中國大陸時代的叢林，每年有冬夏兩期的精進禪七，如果因緣不具足，請不到主七和尚，或者沒有足夠的道糧，便無法舉辦禪七。即使舉辦禪七而遇到像虛雲和尚及來果禪師那樣的宗師來主持禪七，更加難得。所以要想參加禪七，非常不易，進了禪七道場，如果腿子太生、體質太弱，也會隨時被維那趕出禪堂來。不過，凡具規模的禪堂，均有僧值、維那、悅眾，以及堂主、板首等執事，分擔了執行規矩、殿堂唱誦、法器敲打、監督察看及糾正姿勢、排遣身心障礙的工作。主七大和尚除了領眾梵修，只做落堂開示及勘驗工夫的事。即使在今日的日本，新式的所謂「接心」或「攝心」精進大修行，至少也有三人至五人，除了老師（和尚）之外，尚有西堂及維那、侍者等。西堂即主要的助手，至少已是親近追隨老師十或二十年以上的禪者，他講解規矩、執行規矩、指導坐禪的方法、督策禪眾的修行，聲若洪鐘，非常威嚴。另有維那等，負責領導唱誦及其他事務。

高明的主七老師（禪門宗主稱為老師，例如池州南泉的普願禪師，因為俗姓王，常自稱王老師）年紀已在四十或五十歲以上，必須當過西堂，並且確有相當的修證經驗者，他在禪七之中，除了朝暮課誦及齋堂領導大眾之外，便是在晚上向大眾「提唱」（講說）禪門的公案語錄一個小時左右，其餘每天大部分的時間，是在他的「獨參室」（方丈寮）接見禪眾，解答有關修行方法及身心反應方面的疑難。事實上禪眾向老師報告修證的體驗而取得老師的印證，才是「獨參」（即是中國的小參，亦即接受個別指導及考驗）的本意。這樣的職務，若非筋骨健朗體力充沛的禪者，對於中年以上的人也會感到吃力。

至於我的情況是非常艱苦的，初次在美國主持禪七，已四十八歲，我沒有當過板首或西堂，所以也無法得到一位在修證及攝眾調眾上均有經驗的助手。自廚房到便所，從起床到就寢，由講解規矩到巡視禪眾、糾正姿勢，都是我一個人擔當。我之所以如此，因我相信，若要等到因緣具足之後再打禪七，恐怕在我的有生之年，便無實現的可能，所以不顧禪門的常軌，一肩把它挑了起來。

當然，對我這個體弱多病，身高一百七十一公分，體重經常只有四十三公斤的人而言，這是極其辛勞的工作。每打完一次禪七，就像害了一場大病，虛脫無力，久久不能復元。因在禪七期中，須得禪眾將「色身交與常住，性命付託龍天」，否則便不可能擺脫平日所執以為自我中心的肉體和心態，而構成了修行的大障礙。這樣一來，禪眾的任何身心反應，我都要負起保護他們安全的責任。通常在禪七進行到第三天之後，如果修行者的心理障礙（貪、瞋、癡、慢、疑）愈輕，得失心愈少，他們的身心反應便愈明顯。初嘗喜受，往往樂不可支；初得輕安，往往不知所措。相反地，如果修行者求勝心切而猛烈用功，可能造成呼吸急促、胸悶頭暈、四肢抽搐等現象。在這種情況下，我這個做師父的人，就像母親照顧著一大群剛出生的嬰兒，而且都是害了病的嬰兒，必須全心全力、不眠不休地照顧他們。

所以，每當有一人得到較深的覺受，或者乃至僅僅得到了一次未到定之時，我都會像產婦於陣痛之後，乍見新生兒時的那種喜悅與悲愴感，每每老淚縱橫，泣不成聲。而當一次禪七在法喜和平安中結束之際，我又像在十方三寶及護法龍天的呵護下，通過了一次與生死搏鬥的考驗，悲喜不能自抑。若以我的體力來說，寧願選擇專志於講經說法與著書立說的路，不要再做指導禪七的師父，可是我卻一次又一次地辦了下來。每當我用盡心力協助禪眾，而禪眾竟又無法得力之時，便自感慚愧，覺得自己的福德智慧不足以度化眾生，濫竽充數，自誤誤人。所以一直期望能摒除一切，再度入山，準備自度的資糧，無奈近十幾年來，被因緣東牽西扯，身不由己、心不由己。記得在我三十歲時，東初老人即命我一邊做事求福，一邊自修智慧。如今年逾五十，還想逃避，何以報答佛恩、師恩、親恩以及眾生之恩？所以，雖在每次禪七結束時，都想不再舉辦另外一次了，結果還是一次又一次地辦了下來。然漸漸地也剃度了幾位弟子，在例行的瑣事上已能幫到一些忙，若要成為我指導修行方法和主持禪七的左右手，尚須假以時日哩！

四

中國的禪宗，是不落階次的頓悟法門，若涉及禪觀或禪教的方法，例如數息觀、不淨觀、因緣觀、枯屍白骨觀等，便可能被視為漸悟法門了。但是不假漸修而能頓悟成佛的人，畢竟太少。從禪宗祖師們的開悟經過來考察，大多數是在積年累月的修行之後，才能得到一個「入處」（破參見性），開了一線或乃至一瞬間的智慧眼之後，才去參訪明師，求證他們的所見是否正確？如果正確，又是到了何種程度？請求下轉語、抉眼膜，點撥指引，以期更進一層。然後棲隱於水邊林下或深山幽窟，長養聖胎。及至大悟徹底，晴空萬里，而且是「日日是好日」的程度，再返世間，普度有緣的眾生。然而在今日的社會中，究竟有幾人願意為了這樁大事而花費數十年的時間，順著這樣的路子來走呢？能夠為那些已得「入處」的禪者點撥指引的明師又在哪裡呢？

因此，我以數十年來的修學所得，將修行的歷程用三個階段的方法，完成三個層次的進度。而且能在短時間內，達到修行者所能達到的目的。

(一) 集中注意力的階段

分為兩類：

1. 為求身體健康和心理平穩者：教他們做若干柔軟的健身運動，然後將全身肌肉和神經徹底放鬆。不限一定的姿勢，可坐、可立、可行、可臥，如用坐姿則可任意採取雙盤、單盤、散盤，甚至可用跪坐、跨鶴坐，以及在椅子上兩足下垂的正襟危坐。教他們一個集中注意力的方法，通常是用數息，有時也用別的方法，使他們把散在外面的心收到一點上，也把雜亂的念頭，集中在方法的一點上。此能使人減少肉體及精神上的壓迫感，也能使得循環系統及神經系統得到舒緩而暢通的餘地，所以對於慢性的身心疾病，有顯著的治療功能。但是我常強調：「禪七不是為了醫病，而在鍛鍊身心。」靜坐可有治病的功能，卻不能僅靠打禪七。事實上身心有病的人，根本不宜參加精進禪七。

2. 為求鍛鍊身心者：打坐能鍊身，是由於鍊心的緣故。鍊心又必須從克服身體上的痛、麻、痠的三重障礙，所以除了有定時的放腿和各種的運動方法之外，嚴格要求坐姿的正確度，尤其要求以最大的堅韌力來接受腿部及背部等的痛、麻、痠。基本的方法，也就是用數息來集中心念，通常數出息，必要時可數入息，心太散時可用倒數，或隔數倒數等。數息可以入定，可以忘卻身心。如果痛得無法數息時，則將心念集中在痛的感受上，將痛觀想成為局部化，再觀想成為客觀化。結果，痛至極點，不是轉痛為涼，便是由於心念專注而失去了痛的感受，此時所感覺的便是舒暢、輕鬆、安樂，充滿了喜悅，忘記了時間，一坐數小時，只似轉眼間事。故在禪七期間，多用此法鍛鍊年輕的禪眾。即使無法以接受腿痛來得到輕安等的覺受，也能將意志薄弱者鍊成堅強，性情浮躁者鍊成穩重，缺乏自制力和自信心者鍊成有自制力和自信心。

(二) 心念統一的階段

分為兩層：

1.身心統一：用數息法，數至沒有數目可數，也不覺還有沒有呼吸，只覺得一片輕鬆、舒暢，不再有身體的粗重感或累贅感，故也不會想到身體的存在與否，但是對於周遭環境中的一切，都很清晰地感到、看到、聽到和嗅到，只是心境不為所動。

2.內外統一，又分兩大階段：

(1)由鍊心的工夫而從自我身心為中心的自私感獲得解放，視身外的每一事物，都是自己的一部分，一切的事物就是自己的全體。每一個人、每一個眾生、每一棵樹、每一莖草、每一片葉子，乃至每一滴水、每一粒沙，都好像是自己身上的四肢百骸或是自己身上的皮膚、細胞、血液與汗毛。因此而對身外的一切事物，產生美好、安詳、寧靜、和諧的感受，進而生起悲天憫人、民胞物與的情懷。

(2)由身心統一的境界，突然因念頭或一句話、一個聲音的促發，失去了身心的感受，也不見了處身的環境，僅感到一片澄澄湛湛、寧靜無比、清涼無限的存在。或者只覺得是一片美妙無比、明朗無比、輕靈無比、廣大無垠的存在。或者只覺得自己即是一種無限優美的音聲，它來自無窮的遠古，而又遍滿於無際的空間。或者只是感到橫遍十方豎窮三際的存在，無境、無影、無光、無音。或者只感到已得徹底的解脫，既無時間，也無空間，超越了時空，也超越了存在。可惜，尚有超越了存在的大解脫之感受在，所以並未真的得到解脫。

(三) 虛空粉碎的階段

一般的哲學家、宗教家、藝術家等，大致只能達到「心念統一」的第一個層次，最多不會超越「內外統一」的「(1)」層次。世間各大宗教哲學之中的印度教的某些大師及中國的老子，已到了「內外統一」的「(2)」層次的某一程度，或最高程度，但仍不是究竟解脫。

禪的方法，便能超越世間定的極限。

當禪眾修行某一種觀法，確定已將心念集中到了身心統一的程度時，便可教授參公案、找話頭的方法了。用參禪的方法，使修行者提起話頭、激起疑情、形成疑團，將修行者全部身心投注進去，悶在一個大疑團裡，坐也參、行也參、醒也參、睡也參、飲食也參、如廁也參，絲絲入扣、綿綿密密，水潑不進、風吹不入，稱為工夫成片。一旦黑漆桶兜底脫落，疑團不見了，山河大地落沉了，無限的虛空也粉碎了，沒有生也沒有滅。此時發現以前的煩惱執著，不過是夢境，乃至苦苦地修行，也是多餘的執著，因為本地風光，從來沒有發生過任何事情。

可是，此種境界的維持，要看個人的善根與功力的深淺而有所不同，一悟便大悟徹底不再退失的人，實如鳳毛麟角，極難遇到。經過數十年修行而開悟的人，功力自然較深，一次大悟之後，自可維持很長一段日子，如果繼續精進，當可保持到死為止，仍能心不顛倒、意不貪戀、灑脫自在。如果僅在一次的禪七之初才開始用功，縱然於禪七期中，開了心眼，恐怕只能維持數分鐘，最多數小時之後，便會漸漸退失，而回到原來的心境。不過，開過一次心眼的人，哪怕只是電光石火那麼短暫的一瞬間，已比從未開眼的人好得太多了。

我又曾用四句話，說明禪境的高低：1. 澄澄湛湛，2. 光音無限，3. 一片悟境，4. 虛空粉碎。顯然地，前三境均非見性，尚未到無念的程度，但是會有得未曾有的喜悅，並且喜極而泣、嚎啕大哭的現象，也有悲從中來，放聲大哭或大笑的現象，笑過、哭過之後，身心便會感到落實輕爽，如釋重負，性情可能因此改變，雖非見性，卻是好現象。第四境時始為見性，無分別念，只有智慧的自然反映。

由於我用如此的層次，確切地指導修行，對於一個來打七的人，真的能以「大死一番」的決心，百分之百聽從我的指導，對我教授的方法能有絕對的信心，再加上他自己的宿根，他便與佛有深緣，也就能夠獲大益。在七日之中，必可從第一階段進步到第三階段。

可是，對一個完全陌生的人，要生起絕對的信心，豈是那麼容易？對於一個剛剛接觸佛教或者從未接受過禪修訓練的人，要求他一下子便做到丟掉過去又不思未來的所謂「大死一番」，也是困難的事！

五

因此，四年以來到目前為止，在我主持的禪七之中，包括紐約十一次，臺灣十六次，受我說了「恭喜」二字的人，僅得二十八位，不到總人數的十五分之一。而且他們之中的大多數，只是得到較好的覺受，所以我也從不對任何人用「見性」或「開悟」的字眼。前面說過，即使見了性的人，未必保證不退失，如果僅得較好的覺受者，退失更快。其中已有四人，打完禪七或者過了一段日子以後，便走了，學密或者念佛去了。雖然密宗的大手印法，即類似於曹洞宗的默照工夫；而念佛亦本為禪定的方法之一；我也鼓勵學者於禪定的方法上得力之後，再修念佛法門，當更有把握往生淨土。但是對於這些一門尚未得到實力，又去尋求新的門路的人，實在太可憐了！

從前，中國大陸時代的禪宗叢林裡舉辦禪七，對象是已經有了禪修基礎的出家禪和子，在家居士殊少有機會參加。那是除了禪七之外，尚有平日的工夫。平日有心向道，已在參禪習定的人，進入禪七，放下萬緣，一心參話頭，尚且不易見到幾人能將黑漆桶兜底戳穿。黃檗禪師曾說：「不是一番寒徹骨，爭得梅花撲鼻香？」禪門常謂：「不經三冬四夏，喫毒辣鉗鎚，哪能見到未出娘胎前的本來面目？」見了本來面目之後，仍得發長遠心，親近明師，深入經藏，磨利齒爪，捕眾生鼠，降邪外魔；廣學法門，結大教網，撈人天魚，置解脫池。

今日的出家眾，有志於禪修者反而較少。在家眾之有興趣者，則以在學的大專院校的青年為多，也有社會人士、家庭主婦以及超過了六十歲的祖父祖母們，參加我的禪七。從他們所寫的禪七心得之中，可以見到禪七對於他們是非常有用的；所可惜者，能發長遠心追隨我繼續學習的人不多。

有少數人來我這裡參加禪七的目的，並不純淨，他們只想看看我在教些什麼？如何排定日程表？如何用棒？如何用喝？看了回去，略予變更，摻雜一些在別處學到的東西，也做起老師、禪師來了。我時常說，在短短的幾個月內，任何人都可學到我教的全部方法，但卻無從學到我的心法。如果不具佛法的正見，不下苦功修習，心眼不會打開。自己的心眼未開或者開了一下又關了起來，怎能為他人抉眼膜？自己的心眼未開，怎能不雜私欲？既無正見而傳心法，必定是魔法而非正法。當然，教授靜坐方法，即是上文所明「集中注意力」的第一類型，是可以的；至於想教第二類型，便得考慮你是否已有能力解決修行時，可能發生的若干身心的反應了。例如胸悶、頭暈、腹痛、氣塞、身體抖動等，你若沒有把握為他們消除這些問題的話，最好不要害人。

其實，我所主持的禪七之所以使人感到快速有益而且印象深刻，是因除了基本的生活規定以及作息的時間表是不變的之外，開示的主題、調心的方法、坐香的長短、棒喝的有無、小參的次數、勘驗工夫時所用的機鋒及態度的剛柔等，都會因不同的人、不同的程度和所參加的各次禪七而有不同。迄今為止，我還沒有打過一次相同的禪七。

六

我舉辦禪七並主持禪七的目的，並不是要求人人都能開悟，而是對於有志學佛的人及有緣接觸佛法的人，提供佛教的修行方法，禪七應該是他們真正體驗修行方法的開始，不是修學佛法的結束。因此，並不要求把腿子鍊到如何的程度才准參加禪七，只要身心無障礙而確有心學佛的人，便受我們的歡迎。

從上文所述的三個修行的層次可以明白，禪七中的風格及參禪的方法，不一定每次禪七都用上，更不可能每一個參加禪七的人，均能體會到禪味。各人都有他自己的因緣和善根，不存得失心，不能有和他人比較勝負的心，只許有隨喜心及憐憫心，不許有羨慕心與嫉妒心。平心靜氣，只顧照著師父指導的方法默默地耕耘，不問結果如何，也不問何時有結果。縱然沒有結果，那便是有了結果。不為開悟而來，是為體驗修行佛道的生活而來。

因此，在我的禪七期中，打坐，固然是主要的，如果心浮氣躁，煩悶不耐之時，便令拜佛，或令慢步經行；若因連續用功以致心力不繼之時，便令開枕睡覺。心散意亂而無法進入修行的情況之時，往往用禮拜、懺悔、發願、唱誦等的方法，使得修行者的心向下沉、向下沉、再向下沉。唯有沉重，始能安定，唯有安定，始見修行的效果。

七

正在夢中時，很少憬悟到那是夢境，醒著的人見到睡中的人說話，知是夢話；殊不知我們醒時所說的話，在天人看來，也是夢話；已解脫的小乘聖者見天人說話，亦不過是癡人說夢話；大乘聖者見小乘聖者說話，亦復如是；而佛看一切眾生所用的語文思慮，又無一不是夢幻中事。由此層層推看，夢中有夢夢中夢——佛為喚醒眾生，必須也進入眾生的夢境，說出使正在夢中的眾生能夠聽懂的話。

因此，三藏十二分教，無非夢話；一千七百則公案，無非夢話；我的著作、我的開示、我的這篇序文，是夢話；本書（編案：此文本為《禪門囈語》的自序，此指該書）所收各篇心得報告，又豈不是夢中有夢夢中夢的夢話呢？

本書所收的三十四篇禪七心得，包括中文的及英文中譯的，每篇都可一讀。我不想告訴讀者，哪一篇寫得最好，又有哪幾篇是最好的體驗。本書的編集及出版的目的，是在請讀者諸君，分享禪七中每一個故事的成果：堅苦的歷練，欣喜的淚影，人性的光輝，人格的昇華，真情至性的流露，悲願悲智的啟發，虔敬的喜悅和感人的信念，灑脫的心境和爽朗的笑聲。

編集本書，由於英文部分的翻譯太費時，中文的部分則係從一百五十多篇心得報告中選樣式地抽用了這麼多，但已超過了預定的篇幅。

八

最後我有兩點聲明：

（一）在此之前，雖已出版了《禪》（中英對照）、《禪的體驗．禪的開示》、《禪門修證指要》等諸書，乃是指導修行而用了禪觀及禪門的若干方法。而我本人不是禪師，甚至也不是法師、不是律師。我的碩士論文寫的是天台宗初祖慧思大師的《大乘止觀法門》之研究，博士論文是被視為天台宗學者的蕅益大師之研究；最近三年，為中國文化大學哲學研究所開的課是隋唐佛學中的華嚴哲學，已講了杜順大師的《法界觀門》、《五教止觀》，法藏大師的《華嚴五教章》，宗密大師的《禪源諸詮集都序》；又早在十六年前寫過一部《戒律學綱要》。看來，我是佛教的通家，或者是雜家。其實，戒、定、慧的三無漏學，是佛法的總綱，戒律為基礎，禪定為方法，慧解為引導，如鼎三足，缺一不可。近十多年來，佛門的緇素大德之重視修行者，分為禪、淨、律、密四類，凡是曾在他處有過修行體驗的人，來我這裡打禪七，便比較容易將心內攝，例如煮雲上座的精進佛七、懺雲上座的齋戒學會，都能使人打下修行的基礎。因此，在禪七期間，我雖使用禪觀及參話頭的方法接引人，且禁止使用他法。但在禪七結束時，通常都會說：「禪七已經打完，請諸位再回到往日的生活中去，把禪七中師父所講的『瘋話』忘掉。」我在禪七中所說的一些不合常情常理的話，違背一般佛陀言教的話，例如說「阿彌陀佛是魔王」、「在我這裡沒有阿彌陀佛」等，只是為破行者的情見妄執而設，所謂「魔來魔斬、佛來佛斬」，是為行者除滯去縛的手段，絕不是反對念佛。如《金剛經》所說：「如筏喻者，法尚應捨，何況非法。」一切法門，皆如渡船，到了彼岸時必須捨船始能登陸；若在此岸時，固然需船，仍在海中時尤需要船。因此，非必要時我不說「瘋話」，打完禪七，仍請未開眼的行者把我的「瘋話」忘掉，開眼之後又把眼睛閉上的行者，也要將我的「瘋話」忘掉。如果自驗煩惱未除，人法未空，即說明你是在閉眼盲目的狀態，即表示你還需要法門的渡船。對於沒有明師指導或者不能常隨明師的行者而言，念佛法門確是最安全穩當的一艘大船。

（二）我雖祈願能有更多的人，發深心作大修行，然後成為有力指導他人修行的人，但我卻無意藉著本書的出版，招來更多擠進禪七的人。實際上不用廣告宣傳，目前每次禪七的錄取率，已是報名人數的三與一之比。由於個人的體力所限，往後舉辦禪七的次數，只有減少不會增加，錄取的要求條件，勢將跟著改變；舉行禪七的方式，也會逐漸改進。

（一九八一年三月二十五日序於北投農禪寺，收錄於《禪門囈語》）

禪的實踐

現在最美好

我們常說希望明天會更好，希望有個美好的明天，但現在才是最美好的。因為如果把希望寄託於明天，而現在卻不努力的話，明天就不會和諧；相反地，如果我們老是在回憶過去，對過去的事洋洋得意，或者是後悔不已，那更是毫無意義的。因此，今天我根據禪修的體驗以及佛法的觀念，來說明這個觀念。

現在最實在——活在當下，佛在當下

現在是最實在的，因為過去的已經過去了，未來的還沒有來。如果因為現在不如意，而想要逃避，結果不管逃到哪兒，事情還是會跟著來。就像在太陽底下走路一樣，影子一定是跟著我們跑。

佛法講因果，因果一定是逃不掉的，應該得到的，或者必須要承受的，是逃也逃不掉的，就像「如影隨形」一般。所以許多人認為佛教是消極、厭世或者是逃避現實的，實際上這是完全錯誤的，因為真正的佛教徒，是最重視現在，是最能夠活在當下。

現在最重要——步步為營，一步一腳印

我們走路時，都是一步接著一步在往前走，學佛修行也是一樣，必須步步為營，從「現在」這一點上開始，不能夠仗著過去做過很多功德，就一定能成就，因為過去是不可靠的；也不能一味地將希望寄託在未來，希望未來多做一點功德、多做一點好事，將來可能會成佛，這也是不可靠的。因此，我們常常說：「活在當下，佛在當下。」我們應該踏踏實實地生活，很清楚地知道自己是如實地在生活中，這是一種很負責任的生活態度，也是成佛的基礎。

對一個禪修行者來講，是念念、時時把握現在，才能成佛。因為現在是最重要的，現在是過去的結果，現在是未來的開始。

禪宗裡有句話「一摑一掌血」，就是打人的時候，不只是打得人家臉上有血，自己手上也要有血。是比喻我們做任何事都要腳踏實地，而且每一個動作都

要非常實在有把握，這樣才能達到真正的效果。很多人都在指望未來、懷念著過去；尤其年紀大的人，多半都是在懷念著過去；年紀輕的人，都是夢想著未來；可是只有把握「現在」，踏實努力的人，才是成功的人。如果現在不努力，只是想著過去、想著未來，充其量只是一個夢想者。

現在最珍貴——忙人時間最多

現代人都非常忙碌，尤其目前社會上也鼓勵大家投入義工的工作，義工是義務、業餘的，除了自己的生活之外，還要為大眾服務，這時間從哪兒來？雖然我們常常說沒有時間，感覺每天的時間都不夠支配，可是，如果為了要付出與奉獻，就一定能找出時間。以我個人來說，我寫了好多書，但我不是職業作家，幾乎每一個作品都是在非常忙碌的情形之下，抽出時間來完成的；在這種情況下，每年都還可以出幾本書，而且有些也能夠獲得文藝獎、文學獎。對我來說，獎只是附帶的，重點是每一個現在，我都會把它當作最珍貴的，所以應做的事情一定把它做好，想要做的事就找個時間去做。

許多人的時間都是磨掉的、摸掉的，不知不覺中時間就消失了；還有一些人總是要消遣、要娛樂，因為老是覺得很無聊，所以才需要休閒、需要消遣。況且許多去休閒度假的人，仍然忙得不得了，他們工作的時候拚命工作，玩的時候也緊張地玩，緊張地趕著出去，緊張地趕著回來，甚至緊張得連晚上都睡不著。這種休閒，實際上是不必要的。

如果能輕輕鬆鬆地工作、自自在在、快快樂樂地忙，時間就會變得很多。以我為例，我的時間都是在忙中度過，都是在忙中偷閒，所以搭飛機或搭車，是我最快樂的事情，因為一上車就是我休息的時間。還有我跟別人談話，也是我在享受的時間，是我成長的時間，所以時時刻刻我都覺得很愉快，在享受我的人生。

諸位認為享受人生是什麼？每一分鐘都運用得很好、體驗得很好，那就是享受；而沒事的時候，感覺到呼吸，頭腦裡有什麼念頭，都覺得清清楚楚，那也是一種享受。

現在即全部——投注全部生命於現在的生活

現在就是我們的全部，現在是從過去而來，未來是從現在開始。我們這一生點點滴滴的經驗、學問、能力和一切的成果，都是從小到現在累積出來的，所以現在的生命是最珍貴的。所以我們要投注全部的生命於現在的生活，劍及履及、即知即行，於生活中表現生命；在生命中留下功德。

現在的責任——以慚愧心檢討過去，以悲願心開創未來

現在是處於過去和未來中間，對於過去，我們的責任是要有慚愧心；對於未來，則要有悲願心。

慚愧的意思，是過去應該努力，但沒有真正做到，如今便應該認錯；並且承認自己過去的過錯，對過去負責任，承認自己有缺點。其實每個人對社會、對家庭，都應該負擔更多的責任，但是，我們往往沒有負起那麼多的責任，所以應該感到慚愧。感到慚愧會讓我們現在更努力、做得更好些。

社會上需要幫助的人愈來愈多，需要我們協助解決的問題也愈來愈多。因此，我們要有大悲願心，願盡我們一生的努力，只要還活著一天，就做一天應該要做的事。人生有限，但悲願無窮，因為悲願無窮，所以活得很有意義、很充實，不會對自己失望，不會對社會逃避。

現在心即佛心——把握現在，努力修行

人非聖賢，沒有一個人沒有過錯。修正偏差，而實踐正確的、正常的行為，叫作修行；也就是修正我們心理的、語言的行為和身體的行為。

昨天我參加一個座談會，有人問說：「我非常地無奈，好像很沒有出息，隨時隨地都感覺到自己身不由己、心不由己，像我這樣的人還能修行嗎？」他又說：「我想要做好事，但是頭腦裡邊出現的壞念頭不少。我不希望受環境的誘惑，但是環境一刺激，我就生氣，心就浮動，我這樣的人還能修行嗎？」

我說：「就是你這樣的人才能修行，而且，你這樣的人最適合修行。」我常常以自己為例來勸導人，事實上我內心也會有問題，不過我內心的問題，不會從語言或行為上表現出來，因為只要我的心念一動，我就知道問題的所在，而知道自己有問題這是很好的，禪宗祖師說：「不怕念起，只怕覺遲。」差別在於在壞念頭、雜念起來的當下就能夠看清楚自己的念頭。

修養差的人，還沒弄清楚怎麼回事，嘴巴已經說出來了。還沒想好怎麼罵人，嘴巴已經罵了人；還沒有考慮怎樣做壞事，計畫還沒有完成就已經做了。但

是修養好的人，心裡即使有不好的念頭，也是不會將它實現。

有許多人，一天到晚在胡思亂想，自己卻不知道，不是想這個人是好人、是君子，就是想那個人這樣不好、那樣不應該，一個心當三、四個心用，心猿意馬。而且可能已經動了壞念頭，自己還不清楚。

佛的意思是大覺、是自覺覺人，而且是覺滿——圓滿的覺悟。能夠覺悟，煩惱就已經消融。因此如果時時刻刻都能夠反省，當下知道自己做錯了事、當下知道自己說錯了話、當下就知道動錯了念頭，這就與佛心相應。所以說現在的心，就是佛的心。

修行過程之中要念念落實於現在，時時身、口、意三業相應，心身、心口一致，即能安心、安身，亦能安家、安業。故三業清淨，便能得定，便能生慧。佛心是清淨的智慧心及慈悲心，所以一念清淨即一念明佛心、見佛性，念念三業清淨，即能念念明佛心、見佛性。

現在心亦不可得——從有我的現在到無我的解脫

《金剛經》說：「過去心不可得，現在心不可得，未來心不可得。」現在是於過去及未來的時間過程中顯現，既無過去、又無未來，現在又何在？所以念念不住，念念無念，念念無我亦無人、無智亦無得。

生命是時間位置的相對，生活是空間位置的相關；對於時間所持的執著，便是自我中心。自我便是在現在這個時空位置，非常重視自我的價值執著放不下；一旦開悟之時，便會發覺時空如幻不實，自然能夠放下自我的執著。

解脫之後只有智慧與慈悲，隨時隨地有願心普遍救濟眾生，那時已無煩惱及自我中心，當然也沒有過去、未來和現在了。

（一九九五年十月三日講於臺北市青年救國團，刊於《人生》雜誌一八四期）

身心安定

打坐對安定身心固然是重要的，而在不打坐的時候，我們的心還能保持寧靜、安定、不浮躁，不受到環境的影響而波動，這才是最重要的。

這需要練習，除了打坐的時候練習之外，更需要在日常生活之中練習，譬如別人罵你時，只要曉得他在罵你，但你不會跟著罵回去，接下來要如何處理？若能夠馬上有回應，而使得對方不再罵你了，這是一個了不起的事。如果能夠處理，而讓自己不受影響，即使心理已起了波動，但不難過、不惡化，這也很好，如果能夠同時做到這兩點，那算是工夫，不過第一種並不容易。

不要被環境帶著走

我們最低限度若能隨時隨地練習著心理不受環境影響，而產生煩惱、掙扎、痛苦。環境的影響是什麼呢？是指當外在環境的人、事、物給你意見上、利害上或感情上的種種衝突，能夠面對事實，不是那麼地激動。這其中最不容易處理的是感情上的衝突，我發現，幾乎每一個人都不容易做到，這就是修養工夫不夠。當這些逆境現前時，表情上、言語上或動作上就會有反應，這時要心理上不產生波動，那更不容易了。

剛才丁守中居士說到，來跟師父學過打坐的人，在立法院不會打架。其實除了立法院以外，我們幾乎每一個人每天都會發生一些意見上，或利害上、情緒上、感情上的衝突問題，如果能夠讓自己不受衝擊，這是非常重要的事，用自私的角度來說，也不要讓自己受衝擊，不要讓自己被環境帶著走。

方法很簡單，當有人在罵我、在生氣時，我只要知道他在罵我，他在對我生氣，他不喜歡我，我也知道；他罵的對不對，我知道，這是第一個反應。第二個反應是，雖知被罵得不服氣、很冤枉，這時注意自己呼吸進出的感覺，呼吸就會變得平穩，心情也會跟著安定下來。因為人在受衝擊的時候，心跳會加速，呼吸會隨著情緒起伏而變得長氣、短氣得好難過。因為這個時候，頭腦在想如何地反擊他，告訴他：「你是講錯了的、冤枉我了的，你絕對是無理的。」如果這樣反駁他，你自己已經先受到衝擊了。

相反地，當他在生氣罵你的時候，而你能以靜制動，以沉默代替抗辯、爭辯，這是最好的方法，至少你自己不會受到雙重的傷害：他罵，你已經受到傷害；你因此生氣而反擊過去，受到的傷害更重一點。

平常人很容易遇到這種問題，跟夫妻、兒女、朋友、長官與僚屬之間，甚至跟客戶之間，產生一些心理上不愉快。練習打坐的人應該能夠將小磨擦漸漸減少，甚至不愉快的事情發生了之後，心中也不要留下痕跡，這樣子才是一個美好的人生。否則，生氣的機會滿多的，讓你心理不愉快的事，幾乎天天發生，因此如果能在生活中，隨時隨地做到不受環境的影響，對自己來講是非常健康、非常幸運的事。

隨時保持內心的平靜

我在美國有個出家弟子，負責東初禪寺的法務，當時有位美國人住在寺裡，也準備來出家，當我在的時候，那個美國人沒有脾氣、沒有問題，因為我會照顧他，碰到問題，我會處理，所以他也覺得師父在的時候，他並沒有問題；可是我不在的時候，因為我這位出家弟子的頭腦反應慢一些，所以對於這個美國人在想些什麼、需要些什麼，不是那麼清楚，因而這個美國人常常跟他生氣。

而我這位出家弟子就把師父告訴他的方法牢記在心，一聽到、一看到這個美國人跟他吵架的時候，他首先不用眼睛看對方，只注意自己，第二注意呼吸從鼻孔出入，第三注意心臟是不是跳動得很厲害。當對方看他不講話，又不敢看他，發了幾次脾氣後，沒有反應，就算了，便不再講什麼了，事情過了以後，我這個出家弟子，趁這個美國人不發脾氣的時候，就請教他：「你昨天在生氣罵我的時候，我當時頭腦轉不過來，很抱歉，沒有馬上處理，你現在能不能告訴我，要我替你做什麼？」這個美國人看到事情已經過去了，便說：「沒有事了，我發神經了。」我這個出家弟子就問他：「你發神經總是有原因的，你還是告訴我，我看看能不能改善，能不能協助你，若我自己有錯，你也要幫助我改善！」就這個樣子，我這位出家弟子告訴我：「師父，我能不能幫助這個美國人，我不知道，但是我相信師父的方法很有用，因為挨罵的時候，還能夠不生氣，沒有因此而覺得很難過，或覺得自己是受辱、受委屈。」

一般人工作一段時間，一定需要休息，身體需要休息，頭腦也需要休息，休息的方法有兩種：一種就是要睡覺，另外一種就是休閒。找一些休閒的活動：旅行、打球、看電影、看電視、欣賞音樂，或是繪畫，這些就是休息，調劑一下身心，這是一般人需要有休息，需要有精神的、心情的、生活的調劑。

可是對一個禪修的人而言，平常的時候就是在休息的時候，忙碌的時候就是在休假的時候，要養成這樣的心境，並不容易，尤其當焦頭爛額的事情發生在你身上的時候，更要告訴自己：「你緊張的話，更糟糕。」更需要把心情放輕鬆，因為緊張只會把事情弄得更糟，並不能解決問題。

因此學禪的人，在遇到問題發生時，可以用我說過的「面對它、接受它、處理它、放下它」，不過要注意的是這四個方法是同時作用的，而不是有前後次序，不是先接受它，然後再放下它，而是接受它的同時，就是要放下它。

其次，若我們在生活中遇到非常棘手的問題，而不知道怎麼辦才好時，我們要用佛法的觀點來看事情，最重要的便是要能有「因果」、「因緣」的觀念，如果問題能夠解決，就要盡心盡力馬上處理；如果不能處理的問題，也不要難過，因為難過也沒有用。雖然不處理，但這和一般世俗的想法不一樣，因為一般人是心存放棄、絕望的想法。

我認識一位居士，他一生就善於運勢、用勢、造勢，不斷地在運用情勢、形勢、然後又趁勢，這個人在一般人看來是非常成功，但他自己的內心大概不是很自在，因為這些都是製造出來的東西。

在這位居士心中認為，若人不是這樣造勢的話，就不能成功，這是他的人生哲學。像這樣的人到死為止，都會覺得他那樣做是對的，可是他所講的、所做的，與心裡所想的，經常都處在矛盾的狀況之中。也許他認為運用矛盾是正確的、正常的，但這並不是我們禪修的精神。

禪修是要訓練我們在不平穩、不安靜、不安定之中，時時刻刻保持心中的坦坦蕩蕩，不管外在的生活環境是否安定、安靜，至少我們的心境是非常平靜的。任何能夠做到這點的人，便是擁有幸福的人。

（一九九六年四月十三日第十六次社會菁英禪修營共修會開示，刊於《法鼓》雜誌一〇〇期）

身心自在

諸位臺大醫院的工作人員，今天我要講的主題是「身心自在」。一般而言，在通常的狀態下，我們的身心是不自在的。首先，我們的身分是不自在的，像諸位在醫院裡是醫師，在家庭裡是家長、配偶、父母的子女，在社會上也扮演了很多角色。我們扮演的每個角色是不是都稱心如意？實際上我們不滿意別人、別人不滿意我們的情況是很多的。

第二是工作的不自在，雖然工作上有時候得心應手、左右逢源，但不一定經常保持這種狀態。第三是生活的不自在，我們生活中的各種環境，並不是樣樣都非常好，例如熱的時候覺得太熱；冷的時候又覺得太冷。第四是健康的不自在，包括醫生、護士在內，每個人無法永遠不害病、不頭痛，不能永遠沒有問題。

從不自在轉為比較自在

以上這些都是不自由、不自在的，但是我們仍然可以在這些狀況之下，做到「比較自在」。所謂「比較」是指比上不足、比下有餘，例如：當自己覺得痛苦，但看到別人比自己更不自在的時候，就覺得自己比較自在。善與人相處的人是比較自在的，所謂「善與人相處」是說人際關係可以處理得很好，跟任何人都能相處愉快，因此遇到不順利時，有時會變成順利，這樣的人是比較自在的。

勤於工作本分的人也比較自在。勤於工作本分並不是工作狂，工作狂是一種病態、一種不自在，工作以後不一定很快樂。勤於本分工作，是說把自己該做的工作做好：醫師把醫師的工作做好、護士把護士的工作做好、母親把母親的工作做好，盡心盡力而為。另外，覺得義務要去做的，雖然可能不是自己原本該做的，但恰到好處幫人家做，也算是本分的工作。

懂得打理生活環境的人，也是比較自在的。怎麼打理呢？比如說我目前居住地方的樓上，成天都在施工，因為我在靜養，整天都聽到聲音。遇到這種不自在的事，怎麼辦？難道要氣得上下跳腳？跟人家吵架？這都不是辦法。於是我就想：既然沒辦法逃避，那就不逃避。於是休養期間，我能睡覺就睡覺，不能睡覺也沒關係，白天睡不著晚上可以睡，這樣一想，慢慢地施工聲音在我耳裡變成了習慣，就不再是干擾了。

精於養生保健的人，身體的病少一些，也比較自在。當然身體健康不一定能完全自在，但比起常生病的人，仍然比較自在。

動靜順逆皆自在

至於怎樣才能達到「動靜順逆皆自在」呢？建立正確的人生觀、價值觀是很重要的。要建立正確的人生觀和價值觀，需要有三項認知。首先，我們要認知人生的目的，在於不斷地學習和奉獻，用來感恩、報恩我們這個世界，而不是為了追求個人的名利、權勢。

我今天看到一位高中生，他考取了臺大的醫學院，他說自己已經看了很多醫學倫理的書，知道做了醫生之後要救人、助人，要為病人服務，這樣的學生就讀醫學院，以後一定會是好醫生。臺大醫院這樣的好醫生很多，但仍會有人受到外在誘惑。雖然說：「人在江湖身不由己。」但一個受到威脅利誘的人，如果能夠逃過來，他就自由了，只是一般人通常沒辦法。站在我的立場，世界上沒有壞人，有了地位、身分的時候，很多誘惑就會隨之而來，如果他有防護網——對人生的目的有充分認知，這個問題或許就不會發生。

其次，我們要認知人生的價值在於盡心盡力，以利人來利己。前幾天我和施振榮先生進行一場對談，施先生表示，經營企業一定要把利益他人當作是在利益自己，當他人有利益時，自己一定也會受益。將「利益他人」做為首要考慮、第一目標，大家一定願意使用他的產品，員工也願意盡心盡力，因為公司是為了利益人而不是利益老闆個人。在這樣的理念下，施先生於是成了一個大企業家。

第三，我們要認知動靜順逆的遭遇，自己最多只能掌控其中一半，另一半往往無法預期，既然如此，對於不如意的、不能預期的、不能掌控的事情，我們應該視為預料中的事。我們的生活中，有所謂的「及時雨」，就是要什麼的時候正好就出現了，但是也有「暴風雨」，當然沒有人會喜歡暴風雨，但是我們知道這是在所難免的狀況，只要去理解、認知這個狀況，就不會覺得失意或是不滿意。

諸位一定聽說過「人生不如意事十之八九」，既然確定不如意的事十之八九，那遇到不如意的事，不正符合我們心中的理解和認知，這不就是「如意」？

比如說我到臺大醫院看病，看病時我的心裡已經有準備，人一定會生老病死，有病是正常的，有了病一定會痛苦，不接受痛苦，痛苦就多一些；願意接受它，痛苦就少一些。

運用禪修身心自在

如何做到真正的身心自在？有的人在觀念上可以做到自在，一旦面臨到有狀況、有問題的時候，雖然知道觀念和道理，卻沒有辦法自在。我認識一位老先生，他學佛，用佛法寫書、演講，七十多歲時老伴往生了，他告訴我：「我的老伴走了，我不能活了。」我說：「你學了幾十年的佛，這樣是很顛倒的。」他說：「法師，因為你沒有太太，無法體會我的心情啊！」我想請問諸位：假設你的另一半往生了，你會怎麼樣？你如何處理自己？那個時候，人通常都很悲傷，沒有辦法自在，怎麼辦？

這時可以運用禪修的方法、禪修的觀念。禪修的觀念是什麼？就是要知道身心是無常的，環境也是無常的，變好、變壞都是正常的現象，我們沒辦法抗拒和逃避這些現象，就應該「面對它、接受它、處理它、放下它」，這四句話是我在演講時經常講的，很有用。遇到狀況，好好面對它，面對、接受了以後還要去處理，處理以後就坦然接受，心裡不再怨天尤人。

有了這樣的觀念之後，是不是種種難受的、不平的心理狀態就都可以平衡？不一定，一定還要再下一點工夫，這就要運用禪修的方法了。

禪修方法就是放鬆身體的神經、放鬆肌肉。現在請大家把兩隻手輕鬆放在膝蓋上，眼睛閉起來，身體輕鬆地靠在椅背上，眼球不要用力。當我們思考的時候，眼球是用力的；做觀察的時候，眼球也是用力的；甚至講話的時候，眼睛也是用力的，一旦眼睛不用力，頭腦就是輕鬆的。眼球不用力就好像快睡著了一樣，頭腦裡什麼牽掛都沒有。

接下來肩膀不要用力、兩隻手不要用力、兩條腿不要用力，只有身體坐在椅子上、背靠在椅子上的感覺，其他的都沒有。還有小腹也要放鬆，不要緊張，通常我們在思考、工作、跟人講話的時候，小腹是緊張的；當小腹放鬆，我們身體的神經、肌肉、關節都會放鬆。然後，請開始體驗自己的呼吸，從鼻孔出和入的感覺。請大家不要控制呼吸的長、短、深、淺，只知道呼吸自然地從鼻孔進和出的感覺。鼻孔的感覺就是在鼻孔部位，不要去想肺部、胸部怎麼樣，也不要去管呼吸吸到哪裡，只要體驗呼吸在鼻孔出和入的感覺。

禪修的方法就這麼簡單，從眼睛閉起來、眼球放鬆、肩頭放鬆、小腹放鬆、手放鬆、腳放鬆，專注體驗呼吸，覺得非常舒服。當身體放鬆以後，我們的身、心是調和的，心裡就不會去跟自己產生衝突，身體也不會有太多負擔，進一步體驗到身心和環境是統一的，和宇宙是統一的。禪的最高境界，是體驗到身心、環境、宇宙都不存在，雖然說不存在，其實處處都是存在，感覺到任何地方都是你自己，卻沒有覺得哪個東西是你自己，如果到了這樣的境界，就非常地自由、自在了。

以上的內容，一般人都會講，但講了之後卻不一定有用，如果經常練習、訓練這樣的觀念才有作用；如果只是有觀念，自己卻沒有訓練自己，就會像我剛才講的那位老先生，他的夫人往生了，他也沒有辦法活下去。如果有禪修的觀念、禪修的方法，也許心裡還是覺得不捨，但一定不會那麼痛苦。

（二〇〇六年七月二十日講於臺大醫院「職工座談會」，原收錄於《二〇〇六法鼓山年鑑》）

用禪調心

一、在危機中看到危機

很多人會從不同宗教的角度來看其他人，彼此之間就會產生距離。如果願意以不同宗教的立場，聽聽彼此對這個世界的看法，那麼我們會發現一個事實：每個宗教都是愛好和平的，每個宗教都是可愛的。每個人都希望自己平安，也希望世人平安，這就是宗教的起源，也是人類需要宗教的原因。

有人問，面對世界發生的一些可怕事件，該怎麼辦呢？譬如說，前年九月十一日在美國紐約發生的自殺式劫機事件，摧毀了雙子星大樓，不但美國社會，全世界都受到無比的震撼，一時之間，人人都處在憂慮、害怕、失去安全感的恐怖之中，那麼，人們應當如何調適？

從宗教的立場來說，安全、和平不是自己所能掌控的，只有相信自己所信的對象，將命運交給自己所信仰的神來照顧，就可能產生安全感。但是從禪的立場來講，除了「信」之外，更強調的是如何用自己的力量、自己的心，來幫助自己。

我有很多時間，曾經跟危險在一起，甚至當我知道什麼地方有災難、有危險，只要辨得到，我就會趕過去，跟那些有危難的人在一起。我的心中並不覺得那是危險，或者不安全，因為我有信仰，會用禪修的方法來幫助自己安心。

相信諸位都有各自的困擾、恐懼、不安、無助、無奈和無力感，當面對這些的時候，如何用禪修的方法，幫助自己安心呢？

請諸位將身體靠在椅背上，眼睛閉起來，眼球不要用力，然後體驗呼吸從鼻孔出和入的感覺。呼吸是平常的、自然的，不要去控制它，而是享受它、欣賞它、體驗它；因為是欣賞、是享受，所以心情也是愉快的。任何事情在你身體及周圍發生時，即使知道發生了什麼事，也聽到了種種聲音，但不必特別去擔心它，此時的心，就是平安的，頭腦也是最清楚的。

方法很簡單，但是要不斷練習，因為現在沒有其他的事，所以你覺得心很安定，但假如真有恐怖事件在面前發生，或者身心有狀況，要立即使用體驗呼吸的方法，可能就會有困難了。因此，要經常練習，漸漸地自然就用得上力了。

舉個例子。在九一一恐怖事件當天清晨，有位年輕女孩，是我們禪坐班的學員，她的工作地點就在世貿大樓旁邊。早上打了坐之後，就做了三個跟平常不同的決定：當天不使用隱形眼鏡，而是戴上普通眼鏡，穿上長褲不穿短裙、穿平底鞋不穿高跟鞋。因此，當世貿大樓倒塌時，她很平靜地離開辦公室，走得非常快速平穩，雖然身上被漫天的塵埃籠罩，全變成了灰白色，眼鏡也蒙上了濃厚的塵粉，但她並沒有恐懼，擦抹了幾次鏡片，便很從容、很平安地走出了危險區。可見禪修對身心的安定，是相當有用的。

除了打坐外，我們要如何面對危險、恐怖、災難的發生呢？一般人遇到危險後，一定會不斷地擔心著，災難是否還會接二連三地發生，但是，這種恐懼對安全是沒有用的。愈是擔心，就愈是恐懼，遇到危險的可能性，就會變得更大一些，也就是說，發生危險恐怖事件時，如果你恐懼、害怕、驚慌，安全自然就會差一點。因此，當危險事件發生後，宜以鎮靜的心，面對它、處理它，療傷止痛最要緊，避免造成憂愁慌亂中的第二度傷害。

佛經中有則故事說到，有個人被敵人射了一箭，箭插在身上，非常痛苦，當下急務是把箭取出，醫治箭傷，切切不可挨了敵人一箭，又自己再射自己一箭！

意思是說，被敵人射到的，只是身體上的痛，如果對這支箭又產生了怨恨、憂慮、恐怖、害怕，那等於是說，對自己的心，又再射了第二支、第三支箭了，豈非愚昧？

羅格斯特大學的一位教授，也告訴了我一則她在學生時代的故事。有一天，她在街上騎著腳踏車，要去上學，看到迎面來了位肚子很大的孕婦，她就想著：我不能撞上她！我千萬不能撞上她！由於害怕撞上那位孕婦，結果她反而不偏不歪地，真的把那位孕婦撞倒。這個例子也說明了，當心理恐懼不平衡時，安全的可能性就會減低。所以，面對危險的發生，最好你的心是安定的，這樣處理它的準確性自然會高一些。

還有一個很多年前發生在臺北的故事。有位學過打坐的男士，在一家設於二樓的咖啡館喝咖啡時，沒想到店裡突然起火，很快地，火勢把唯一的入出口封了起來。店內所有窗子都是密閉式的，許多人便想從大火中衝出去，結果都被燒焦了。這位先生並沒有跟著衝過去，反倒退到密閉的窗邊上。他在煙霧中，看到身旁有一張鐵椅，就拿起它，很用力地把窗子的玻璃擊破，將窗巾撕成條狀垂到窗外，用手抓著，迅速沿牆落地。他不但讓自己逃了出去，還幫助另外幾個人脫險。想想看，如果在那個危難之時，沒有這麼一個人，咖啡店內的人，可能都會喪生在火窟之中了。

我們平常就要養成居安思危的習慣，一旦發生危險，才能將損傷減少到最低。如果在災難尚未出現之前，就認為一定是平安的、安全的，這也就成了不安全的原因之一了。危險和災難隨時都可能發生，我們必須隨時隨地要有危機意識。有危機意識，並不是要去製造危機，而是說，當危機突然發生時，該怎麼辦？有了未雨綢繆的心理準備，當危機發生之時，就不會那麼恐慌了。所謂「突然」，就是因為沒有養成預警的心理準備。世界上許多驚天動地的大災情、大不幸，往往都是突然發生的，原因是人類預警準備的不足，所以老是措手不及。

二、隨時面對生命中的無常

從禪的立場來看我們的生命以及我們生存的環境，可以用一個非常重要的名詞來形容，那就是「無常」。我們無法預料哪一天會有地震、暴風雨，何時會有水澇、荒旱、戰亂、盜賊等，往往在非常平安的時候，卻有非常不平安的事情發生。就像曾有一架聯合航空公司的客機在紐約甘迺迪機場附近失事，當飛機墜落時，有十多棟民房被撞毀，數人失蹤，那些人即使在數秒鐘之前，根本不知道會發生這樣的禍事，但是就這麼突然間發生了，這就是「無常」。

（二）淬鍊生命的光輝

所以，我們要隨時保持危機意識，譬如航空公司要做好安全的措施，然而即使有了安全措施，也不能夠保證不會發生意外。那麼該怎麼辦呢？如果自己已經死亡，根本連恐懼的機會都沒有，但若是自己的親人遇到這種狀況時，我們只有面對、接受這項事實了。

然而如何使得心能夠平安？那就是在接受無常事實的同時，珍惜自己的生命，也愛護其他人的生命；因為生命是很可貴的，不知道「無常」何時會到，只有在無常尚未來臨之前，好好地運用我們的生命，為他人做全力的奉獻，才是最實在的。

有些人會認為學了禪之後，大概就不會死了，這是不可能的。禪修的人，身體會健康一些，心理會平衡一些，但是該死亡的時候，還是免不了的。一般人認為這個身體就是生命，也有人認為心或精神是生命，甚至有人認為生命就是靈魂，其實那些都不是完整的生命。

我們的生命是四個條件的結合體：呼吸、身體、心念，以及身與心所處的環境。因為有呼吸，才有活著的身體，加上心念的活動，便知有生命的事實；此外，還要有身心所寄的時空環境，才會有生命存在的現象。許多人會把身外的財產、家屬、事業，當作是自己的生命，一旦失去了這些東西，便不想活了，其實，不僅身外之物不可靠，就是生命本身，也是生滅無常的一種過程。

從禪的立場來解釋，生命是時間加空間的活動，在時間的過程之中移動，在空間的範圍之內變化，時間加空間，覺得有個「我」的存在，這就是生命。因此，生命似乎是一樁不可捉摸的事，其實不然，生命是一個事實，它是可貴的工具，我們可以利用生命來做想做的事。

有人的生命是非常好的工具，能在一生之中完成許多工作，這是相當優秀的工具；有人的生命是普通的工具，不能完成什麼理想，因此，工具是需要鑿磨及鍛鍊的，熏陶鍛鍊的工夫愈深，工具的功能就愈好。

此外，有的人可以活到一百多歲，也有的人出生後不久就去世了，甚至還未出世，就死在母胎中了，所以說生命是無法掌控的。像我這樣衰弱的身體，也活到了七十多歲，而在我出生的家族之中，有一個姊姊在襁褓中就去世了，另有一個姊姊也只活到十八歲，比起她們來，我不是早就應該走了嗎？

但是，我隨時在準備面對死這個事實，因為我的一生，見到的死亡太多了。臺灣的九二一大地震之中，數百具死屍躺在地下，我走過一個一個的遺體，為他們祈福。而我和他們不同的地方，就是多了一口呼吸，當我沒有呼吸的時候，就跟他們一樣了。

(二) 珍惜生命相遇的緣分

生命是一項暫時的任務：我們每個人來到世上，是有任務的，當任務結束之時，我們就必須要離開了。最近有位太太的先生去世了，那位先生在早上準備上班時，下樓開車，結果還沒有走到車子那裡，就心臟病發而去世了。這位太太不能接受這個事實，就來問我說：「為什麼他沒有告訴我一聲就走了呢？為什麼他死得這麼早呢？」我說：「死亡什麼時候會來臨，連他自己也不知道，怎麼告訴妳呢？他已經完成了這一生的任務，自然就離開了！」就像我在軍中時，有位同袍經常被調動單位，他到任何單位都很傑出，離開時大家總會依依不捨，但他又不得不去接受下一個任務了。

這位太太再問我，她的先生到哪裡去了？我說：「我不知道他究竟到哪裡去了，這就好比說，你們兩人同搭了一輛巴士，可是妳的先生另外有任務，在中途就先下車了，現在他又搭了另外一輛巴士，開始下一階段的任務，但妳還在這輛巴士上，繼續現在的任務往前走！」

如果接受了這樣的觀念之後，我們會非常珍惜人與人之間的關係和因緣。因為什麼時候要下車，不知道；什麼時侯是轉接點，也不知道，因此正在相聚的現在，變得非常可貴了。

在諸位的家屬或親友之中，一定有比你們先下車的人吧！好比今天我們聚集在這個講堂裡，等於是乘坐在同一輛巴士上，講完之後，你上你的巴士，我也上我的巴士，也許以後會再見面，也有可能今生不會再見面，然於未來的生命長河之中，一定還會以不同的面貌相見。這是生命的事實，生命與生命之間的關係就是這個樣的。

三、絕對的安全來自身心和平

大家都祈求世界和平，究竟是要誰跟誰來和平？大多數的人，指望所信仰的宗教給我們和平，每個人也都要求別人給自己和平，似乎自己可以不必為和平而付出努力和代價。

事實上，如果不從自己做起，彼此之間是不可能增加了解的，既不能互相珍惜，當然和平無望了。由於不能相互了解及珍惜，即使是夫妻之間，也往往是不和平的，原因就出在每個人的內心都會有些矛盾，自己內心和內心的矛盾，自己個人和另一個人的隔閡，以及個人與環境的衝突，所以在這個世界上要想求得絕對的和平，是相當不容易的事。但是，禪修的過程能使我們從自我開始，先得到內心的和平，於是外在便有和平，進而獲得世界以及宇宙的和平。

（一）內心的和平——放鬆身心、統一身心

禪修的方法首先是使自己的內心獲得平安，能使自己的理性與感性，獲得平衡，譬如禪修教大家體驗自己的呼吸，在體驗及享受自己的呼吸時，不需要跟自

已過不去，不要困擾你自己，這時候，你的心境是平安的，內心如能平安，至少你個人已處於和平的狀態了。

一般人都曾有過心不由己的經驗，出現過天人交戰的心境，那就是理性和感性的衝突，從理性上講，知道不應該去做自害害人、不道德的事；從感性上講，又覺得無法控制自己。有的人道理懂得很多，觀念也很清楚，就是無法控制自己，所以會發生感性和理性交戰的困境，用禪修的方法可以使得雜念少、妄想少，將心念集中，進而統一在某一點上，譬如把念頭放在欣賞呼吸、體驗呼吸、享受呼吸上，一旦沒有了波動起伏的雜念，你的內心便是和平的。

（二）內外的統一——自我與環境的統一

當體驗到身心的負擔消失，就可能體會到環境裡的所有一切就是我，我就是整個環境，人與人之間不會對立，沒有矛盾，處處是和諧的，這就是一個和平的世界。這種經驗，不論是任何一種宗教，或者是否為佛教徒，都能達成這樣的目標。因此，世界的和平是從自己的內心去體驗，去發現世界萬象，自然生滅，互為消長，根本沒有發生任何衝突。所以和平是靠每一個人從內心做起，然後努力去影響環境的和平。

（三）宇宙的和平——放下身心和環境的統一

從禪的立場來講，既要超越個人的小我，還要超越宇宙的大我。如何超越？很簡單，就是不要去把它當作永恆的實有。

衝突是起於恐懼，恐懼是起於無法獲得安全感的絕對保障，比較性的安全感是靠努力去做好預防工作，而絕對的安全，則唯有放下自我的執著時才能出現，我們稱為悟道，稱為解脫。

個人的生命是小我，全體的生命也就是整個宇宙的生命，是大我，一般的人若能體驗到將小我融入於大我之時，便沒有恐懼，也不會與任何事物衝突了。然而禪的最終目標，則是要將小我、大我徹底放下，以達到無我。無我便是解脫，又名為大自在、真自由，那也就是禪宗所說的徹悟了。

（二〇〇一年十一月十五日講於美國紐約長島石溪大學，姚世莊居士整理，刊於《法鼓》雜誌一五九—一六一期）

不隨魔鬼起舞的工夫

有人問我，社會菁英禪修營和一般的禪修營有什麼不同？是不是在菁英禪修營時，師父拿出來的法寶比較精彩，而對於其他一般的禪修營，師父只是給一些普通的修行方法、修行觀念？事實上，這個想法是對的，也是錯的。

禪法本是「無法」，禪門又稱「無門」。有一本名為《無門關》的書，是由一位無門比丘蒐集了四十八則話頭公案，所編成的一本書，若是給修行工夫深的人用，因為他曉得箇中道理，所以用個十年、二十年用不完；若是給工夫差的人看，從頭到尾四十八則公案，就像是看故事一樣，一天便看完了！這樣看完後，究竟能夠獲得多少好處？有的人專門看《無門關》，天天看《無門關》，終究看出了一些名堂來；但是有的人就算看《無門關》看了一輩子，到死為止仍然沒看出什麼名堂來。但是，看了多少還是有點好處。因此，所謂「禪修」，是因人而異的。

修行方法在各種層次上的運用

有的人在四十八則公案裡選一則適合自己的，便用那則公案一直參到底，從生參到死，就只是一則公案。參到了沒有呢？參到死為止，是參安心。「參」，有安心地參、明心地參、無心地參，這其中有很多的層次。所謂「安心地參」，即是當心裡很煩、不安的時候，就用這則公案來參。例如，參「念佛的是誰？」的人，在心裡不安時，就參「念佛的是誰？」。

如果是心裡思緒繁雜、煩惱、煩亂、煩躁，這個時候參話頭當然有用，但如果是因為身體有病，痛得非常難過，這時雖然明明知道話頭可以用，但是用不上力。為了痛而參，怎麼參，痛還是痛。有一位倓虛老法師，他害了一種癌症，非常地痛苦。他的徒弟跟他說：「師父您用『觀』！就像您平常教我們觀空、觀無、觀虛，現在您也要把痛觀成空、觀成無、觀成虛，這不是很好嗎？」倓虛老法師回答：「唉！當我沒有病的時候，我一觀就很靈，不過身上的病痛，卻讓我恨不得想拿刀把它給挖掉。現在你教我觀空，可是什麼都空，但是痛不空啊！」

如果身體只有一點不舒服，這個時候用觀、用話頭、念佛都有用；但若是到了非常痛、痛不欲生，恨不得拿刀把它挖掉的地步，這時要用觀或是參話頭，都不太有用。這時該怎麼辦？念佛。當你很痛、很難過的時候，可以把心轉到佛號上面，連續地念阿彌陀佛，會有用的。

今天早上，有一位老太太要往生了，她的兒子打電話給我，說：「師父！我的母親已經從加護病房出來，要回家了，怎麼辦？」我問：「她的神識清楚嗎？」他說：「清楚。」我說：「會不會念佛啊？」他說：「會。」因為這位老太太在農禪寺打了四十幾次佛七，所以我說：「你現在叫她念佛，我也會幫她念佛。」老太太一生念佛，彌留的時候身上沒有疼痛，只曉得大概快要走了，這時念佛有用。所以，修行方法可以用到各種各樣的層次上面。

自我檢測修行程度

有人問我：「師父，我已經修行十多年了，我的工夫算是到了什麼程度？」我說：「你的工夫就是你的工夫。」他又問：「十多年的工夫應該是怎麼樣？」我說：「就是應該像你這個樣。」他再問：「師父為什麼這樣回答？」我告訴他：「你的十多年跟我的十多年是不一樣的，而我的十多年跟其他人的十多年也是不一樣的，每個人有每個人的狀況和程度，所以我無法回答你的問題。」這就像到餐廳吃飯，你可以問我吃了幾碗飯？或是吃了以後，增加了多少力氣？這些問題可以測量，也可以試驗，所以可以得到答案，可是修行的工夫，是沒有辦法以數量來測量的，只能夠自己測驗自己，比較修行三年之後，是否仍然容易發脾氣、情緒反覆無常？

通常的人大概修行三到五年就不會輕易動怒，因為知道了如何控制自己或掌握自己的情緒，無論別人怎麼逗你，要你生氣、要你煩惱，你都會平平靜靜地面對它、接受它，而不會動無明氣；但如果情緒還是反覆無常，表示你的工夫沒有著力，平常修行的時候，沒有好好照顧自己，才會隨時生氣。這些都是自己可以去體驗的。

也有人跟我修行了幾年，回家後還是經常跟太太吵架，這是因為沒有用方法。當師父看著你的時候，你能夠不生氣，沒看著你的時候，就容易生氣，這也不是工夫。工夫是不管有沒有人看著你，都不會隨便地、任意地生氣。

自然而然隨時用方法

其實生氣這樁事，不是能不能控制的問題，而是平時要練習方法，便不容易生起氣來。只要經過幾年的練習，生氣的習慣就會漸漸化解，如果能夠做到這樣，你就是有工夫了。比如我常常參話頭或是數呼吸，脾氣來的時候，自然而然就會數起呼吸，知道要用方法，那就不會生氣了。

「自然而然」是什麼意思？就是當我們自己遇到風浪，不論小風浪、大風浪，自己能夠化解，而不是控制。控制是不行的，暫時壓抑住不讓它生氣，但是氣還在，等一下還是會生氣，因為這是控制不住的，硬要控制會很痛苦。不過化解就不一樣了。什麼叫作「化解」？即是本來正在生氣，用了方法之後，氣就不見了、消化掉了，也就是不要再注意讓你生氣的這樁事。用方法得力，便能化解。

所以，方法要常常練習，這不是你用功十年或打坐十年就夠了，而是在這十年之間，你是否常常用方法？還是十天、八天偶爾用一次？如果經常用方法，這才是在工夫上，否則生氣的當下忘了用方法，過後再來參「我是誰？誰是我？」這個時候有用嗎？沒有用。因為你臨時抱佛腳，在氣悶、很煩的時候，才來參幾句話頭，這個時候會愈參愈煩。如果你想用方法來壓制情緒，你會愈壓愈煩、愈用方法愈生氣，接著你就會埋怨，覺得用功用了這麼久，用方法用了這麼多年，怎麼好像都沒有用？

我們用方法，不是在失火時，趕快澆一盆水，希望火馬上熄掉，而是要在還沒有失火以前，就先預防，這即是工夫。若是等到火球、火苗出現以後，再來澆水，這樣的力量不夠，因為火已經冒出來了。雖然澆了水，火可能會變小一些，但是火的力量還是存在。因此，修行時間的長短、修行工夫的深淺或修行著不著力，不能以時間來衡量，端視你有沒有時時刻刻用方法。

有的人覺得自己很忙，時間不夠用，哪兒還有時間用方法？其實這之間沒有什麼關係，像我也很忙，還是經常用方法。這不是說工作、事情都不做，專門用方法，在我們的生活裡沒有辦法做到這樣，每個人都有很多事情要處理，不可能用全部的時間練方法，但是只要當你一感覺有情緒、有煩惱在動，就趕快用方法，這樣還是有用處的。

心不隨魔鬼起舞

有人修行十年、八年，卻看不出來他得了什麼力，有的人卻能在很短的期間內馬上得力，心境不會隨著環境變化，不會隨著魔鬼起舞。魔鬼不可怕，但若是跟著它起舞，那就是可怕的事了。我們要練的是不隨魔鬼的步伐起舞，而這要怎麼做到？就是隨時用方法。當你遇到魔了，遇到鬼了，要怎麼辦？是抓魔、抓鬼呢，還是調你的心？當然是調心，才能夠使你的心不亂，不會隨之起舞，這即是修行的工夫、修行的利益。

有些人會問：「我跟著師父修行這麼久了，怎麼魔鬼都不退，還跟著我跑？」其實魔鬼來自於你沒有調心，魔鬼自然會跟著你跑，若是隨時調心，魔鬼就拿你沒辦法了。所以，禪宗有一句話說：「方法是師父教的，禪修的工夫是自己的。」而師父的方法很簡單，就是常常練習調心，並且付出耐心來調心，時間久了以後，工夫自然會現前。有人說：「我要發功！」就像一些外道發功，這發的是什麼功？發的是魔功。而我們發的功，是調心的工夫——心不受境界困擾，就是工夫。以上向大家說明修行要如何得力、怎麼樣才算是得力。

今天我看到有一些社會菁英的學員，在我們的溪邊拔草。拔草的時候，能不能用功呢？能，將心繫於拔草的動作上，就是在用功。

（二〇〇八年十月十九日講於法鼓山園區禪堂「第五屆社會菁英精進禪三」，原收錄於《二〇〇八法鼓山年鑑》）

無常與死

「無常」意指一切現象虛妄而非恆常不變。它並不否定現象，然亦非如哲學或宗教家之主張於變化的現象外，另有一不變之真理。以佛教立場言，「幻化無常」即是真理，「無常」之外，不復有「常」之一物。

以禪之立場而言，無常係指心念之生滅變動。心愈散亂，念頭生滅則快，時光流轉變緩，心漸集中，則念頭變動減少，時光轉速。通常心念剎那生滅，變動不已，不動，則若非死亡即是入定。

無禪修經驗者，泰半不察自身心念活動情況，或僅知粗念，心念粗故所知念頭生滅少，禪修經驗愈深，則念頭愈細，所知心念生滅變動速度轉劇，初入禪定時，恍若已入平靜無念之境，真入禪定時，則知心念之存在，至初禪時則覺知心念於剎那中具六十生滅。

無禪修經驗者之心念生滅皆關涉本身與外境，而已入禪定者則對象已亡，然因自身不滅，「我」尚存在，故非「死」。

「死」為無常之別名，依佛教立場言，「死」並非沒有，亦非結束或終了，《易經》論「生」，佛教談「死」，實乃殊途同歸，前者就現象之發生而言，後者依現象之消失變化而論，「生」與「死」實乃現象之變化而已，「死」即是另一生命現象之端，故「生」不可喜，「死」亦不足懼。

「死」分為「分段」與「變異」兩種，就生理上而言，「分段死」指生生世世隨壽分段之過程，「變異死」指身體本身分秒間新陳代謝之變化。就心理上而言，「分段死」指一生之記憶，隨今生腦神經細胞之死亡而消失，與來生之記憶是段分開；「變異死」則指念頭之剎那生滅。

依禪之立場而言，「死」並非心念之消失，而係「自我中心」之解脫。

如何解脫？

首應於禪修過程中，將自己之現在與過去分開，「我」之身心與所依器界，皆因過去經驗業習熏染而成，心之生滅、喜、厭、好、惡，亦為過去經驗所遺之影響，若無過去經驗，則心中尚有何念頭可想？故「死」，首應死卻過去，然而所謂「死」卻過去，並非喪失記憶，釋迦牟尼佛成佛，並未忘卻父母為誰而認犬作父。所謂死卻過去，僅是一種方法上、心理上之要求。大禹治水九年，三過家門而不入，意指在治洪九年之中，專心治水，家不復存在於心，而非忘卻家坐落何處。禪坐亦然，應將過去、未來一併放下，專注於現在之禪修方法上。日常生活亦然，聽課時，若能不瞻前顧後，專心聽講，則必清晰明瞭。

然死卻過去，並非真死，若欲真死，應進而將現在亦一併忘卻、放下。日常生活中，如彈琴、作畫亦能專心忘我，那也非真死。必須達到我不在內外中間，也不否定內外中間，空間與時間宛然而又不住於空間與時間，方是真死，亦才是真活。

（一九九〇年五月美國紐約東初禪寺第四十八次禪七中開示，陳淑梅居士整理，刊於《人生》雜誌一〇一期）

「禪」在平常日用中

我們每天吃飯、睡覺，裡面有什麼深奧的理論呢？事實上，生活是很簡單的，而中國禪宗的禪，不論是深、是淺，都是離不開生活的。一般人聽到禪的修行，認為就是在打坐，但是從禪宗開創者六祖惠能的傳記、文獻來看，未曾發現他是在打坐的，他只是因聽到《金剛經》中的「應無所住而生其心」這句話而開悟。

生活中，我們都是用自己習慣的知識、經驗，以及種種自我的立場，去對所有事情來下定義、做判斷，因此，所見到的都不是真實的事和真實的狀況，就好像戴了副有色眼鏡，以自己的經驗、知識、習慣形成的「眼鏡」，來看世間的事。

從出生之後，我們就一直在學習，有的學習來自於父母、老師、書本，有的則是從生活中的經驗得到，如此一來，每個人都有自己的立場，戴著具有不同度數的「眼鏡」。譬如夫妻在結婚之後，口頭上說是共同體，你是我的一半，我是你的一半，奇怪的是，結婚十年內沒有吵過架的夫妻，幾乎是沒有。

不要用自己主觀的意識來看事、看人，與人相處就比較沒有問題，這才是有智慧的人，所謂的禪，其實就是智慧心，是無法揣摩、無法傳授的。每個人自己本來都具有智慧心，只要將後天的學習與認知擱在一邊，真正的智慧就出現了。

曾有位和尚問他的老師：「菩提達摩究竟從印度帶了什麼東西到中國來呢？」

「什麼也沒帶來。」老師說。

「那達摩為什麼要到中國來呢？」和尚又問。

「因為中國人不知道自己心中有禪，他只是來告訴我們這個訊息。」老師回答。

我來到美國，帶來了什麼東西呢？其實什麼也沒有，我只是想要告訴在美國生活的人，每個人心中都有一樣東西跟菩提達摩是完全一樣的，那就是佛性。開悟，就是見到了佛性。

「夜夜抱佛眠，朝朝還共起。」這句話的意思就是說，我們每天早上跟佛一起起床，晚上睡覺時，佛也沒有離開我們，但是，我們究竟是抱著佛睡覺，還是抱著枕頭在睡覺呢？過去禪宗的修行人多半時間都不在打坐，因為修行就在日常的生活當中。

有位徒弟這麼問他的師父：「如果吃飯、穿衣、睡覺通通是修行的話，不是所有的人都在修行了嗎？」

「就像你，吃飯、喝水時並沒有真正地在吃飯、喝水，你的心在胡思亂想；睡覺時也沒有真正好好地睡覺，而是在做夢。」師父說。

「師父，你在講什麼啊？」徒弟又問。

「你看看，我正講話給你聽，你還問我在講什麼？聽的時候要專心聽，頭腦不要去想其他的事，否則就不是在修行了。」師父回答。

我經常會遇到一些困擾，當我在上課或演講時，提出了一個想法，還希望繼續講下去時，聽講的人卻因為我的觀點跟他想的不一樣，於是等不及聽我繼續講，就舉手問我了，這表示他沒有在聽而是在想。真正的修行，在聽的時候，要把一句話、一段話、一個觀念聽完之後再問問題，就像吃飯時要好好吃，吃完之後再思考，否則嘴巴在吃，心卻不在吃；睡覺時腦中想著事情，因為心中有事，牽掛著不能睡覺，結果失眠了。睡覺時，應該告訴自己：「我現在正在睡覺，我已經睡著了，頭腦裡想的，都只是夢而已。」漸漸地就會睡著了。失眠有輕重之分，躺下去兩分鐘後仍未睡著的，是輕失眠；翻來覆去整夜都睡不著的，則是重失眠，這些都不是在修行。

從《金剛經》中的「過去心不可得，現在心不可得，未來心不可得」，到「應無所住而生其心」，夢想、顛倒、恐怖、困惑之心不可得，才能生起無我的智慧心，以及平等的慈悲心。修行有頓悟和漸悟，而頓悟也要經過漸漸修行的過程，才有突然開悟的可能。以六祖惠能來說，他的生活非常單純，每天生活規律而穩定，到山裡砍柴時，每個念頭都是在砍柴，所以他的生活就是禪，就是修行，有了這樣的過程，才會在聽到「應無所住而生其心」這句話時，就突然開悟了。

輔助日常修行的方法，首先是把身心放鬆。大家可以將身體靠在椅背上，兩手放在膝蓋上，眼睛閉起，眼球不要用力，頭腦不要思考，不要特別注意身體上的任何狀況，肩頭放鬆，不要抬起或往下壓，也不要往後拉起，身體重量的感覺在臀部和墊子之間。此時請告訴自己：「我現在是在享受非常輕鬆的感覺。」由於輕鬆後很可能會昏沉、打瞌睡，因此，請不斷提醒自己：「是在享受我的身體和頭腦輕鬆的感覺。」請體驗呼吸從鼻端出和入的感覺，呼吸出時，是溫暖的；

呼吸進時，是清涼的，不斷不斷地享受你的呼吸，這就是活在現在，你在體驗自己實實在在的生命。

體驗生命時，會發現自己的心念不容易管理和控制，這是正常的，所以發現之後請對自己說：「不論是否能控制自己，我現在要放鬆。」當發現自己無法控制自己的身體和心念時，就較能夠去體諒人，原諒他人做了一些你不喜歡的動作及表情。

此外，與人衝突時，你一定會不舒服、不快樂，那時請體驗自己的呼吸，放鬆身體和頭腦，如此就不會和對方發生磨擦；夫妻爭執時，只要用這個方法，吵架也就吵不起來了。

（講於二〇〇三年六月二十四日美國德州奧斯汀，姚世莊居士整理，刊於《法鼓》雜誌一六九—一七〇期）

禪與慈悲

我們都知道禪是智慧，為什麼又要說禪是慈悲呢？許多人對於禪究竟是什麼並不太清楚，認為只要是打坐，那就是禪。但是，中國禪宗所講的禪，不一定只是打坐，而是沒有自我的痛苦、執著和煩惱心時，那就是禪。

沒有煩惱、沒有負擔、沒有許多問題來困擾自己的心時，那是什麼？這就是《六祖壇經》裡所講的「不思善、不思惡」。也就是對過去的經驗以及現在所面對的狀況時，不把它當作是喜歡或不喜歡，習慣或不習慣，此時你的心，就是禪。「不思善、不思惡」並不是說在這個世界上，沒有對或錯、好或壞，而是說，對於好的，不要起貪心，對於壞的，也不要起瞋恨心。

譬如說，這裡有一盆黃色的花，有些人會覺得很喜歡，但也有人會這樣想：「嗯！這盆花的顏色為什麼是黃色的呢？我比較喜歡白色的。」在看到這盆花的時候，你們心裡的反應究竟是什麼？是喜歡還是討厭？這種心的反應，我們不能說它是煩惱，而應該說它是一種知識，一種自我判斷、自我習慣，以及自我的經驗，它不是智慧，所以也不是禪。

又譬如說，我今天離開禪中心到這兒來演講時，我的弟子告訴我說：「師父，今天滿冷的，您要多穿一點衣服啊！」可是我上當了，由於衣服穿得太多，現在感到很熱，我很想脫些衣服，如果心裡這麼想著：「嗯！現在我正在演講，在台上當眾脫衣服，那多不好意思啊！」這樣想的話，必定會感到這是一樁很煩惱的事，那就是有問題了。事實上，熱了脫衣服，這不是分別或執著，而是一個事實，該要脫的時候脫，該要穿的時候穿，這就是禪。

但是，如果有一位紳士穿著西裝，打著領帶，在一個非常重要的場合裡，即使渾身是汗，也不敢隨便將領帶鬆開，或者脫掉西裝外套，因為他是一位紳士。而大家通常也會以為，做為一個出家人，又怎麼可以當著大眾脫衣服呢？這是非常不禮貌的事。然而，真正的禪師，他的心是自由自在的，心中沒有善與不善、好與不好，而是應事實的需要而表現出來。

有一次，有位母親帶著一個五、六歲的小男孩來見我，她要孩子叫我：「師父！師父！」可是孩子在我面前哭了起來，哭了之後又解小便，那位母親覺得很難為情，就罵孩子說：「我好不容易才見到師父，你在師父面前丟我的臉！」我對那位母親說：「他並沒有丟妳的臉，小孩子很想哭的時候就哭，要解小便時就解小便，如果妳認為在我的面前，孩子就不准哭，也不准解小便，哪有這樣的事呢？我沒有這麼凶啊！倒是妳這樣地罵孩子，才應該覺得丟臉呢！」

慈悲是什麼意思？慈悲是從智慧產生的，有智慧的人，遇到任何的狀況時，自己不會產生情緒的波動，不論是好或不好、對或不對、痛苦或興奮，那都不是智慧。沒有智慧的人，經常與自己有衝突、矛盾，跟其他人也會有對立。所謂對立的意思，也不一定是壞的，而是對自己所期待的，希望去追求、去占有；對於自己不喜歡的，就排斥、拒絕，這樣的人，就是沒有智慧的人，既然沒有智慧，那就一定不會有慈悲了。

慈悲是從自己開始的。一般人所謂的慈悲可分為兩個層次：同情心與同理心。同情心，是憐憫他人、可憐他人；同理心，則是說見到某個人發生某一種狀況，便告訴他，假如發生在我的身上，我也會像你一樣的。但是從佛法、從禪的觀點來講，慈悲也可分為兩個層次：第一，沒有條件的愛，只有付出、奉獻、布施，那是有對象的；第二，沒有一定的對象要我奉獻、布施，沒有想到我有什麼愛心可以付出，也沒有想到有多少人要讓我付出，但是我會盡心全力地奉獻，永遠地普遍地奉獻，這是最高層次的慈悲。

從安定的心開始

佛法的慈悲心和慈悲行，是必須要用修行的方法來完成的。方法可分為漸修漸悟及漸修頓悟兩類，當然，許多人會希望最好是能夠頓修頓悟，或者根本不要修行馬上就悟，甚至開悟了之後，也不必再修行了，事實上，這是不可能的事。現在我分別來介紹這兩種修行的方法。

所謂漸修漸悟，以打坐而言，就是要將我們的心，能夠從集中而至統一。統一分為三種：一、自己的身體和心的統一；二、自己的身、心和環境的統一；三、前念與後念的統一，此時只有一念，這就是入定了。

現在我來舉一個例子，剛才我從皇后區的禪中心到曼哈頓來演講的路途中，有一位女居士不停地講話，她不斷地講話，我就不斷地聽。此時，她的心是散的，不是集中的，不論看到、聽到什麼，她馬上就有反應，馬上就要講話。而我的心則是不動的，我知道她在講什麼，問什麼，我什麼都聽到了，然而我對她的講話，沒有什麼討厭或喜歡，我不做任何的反應，我的心是在統一的狀態下。統一的狀態並不一定是說什麼都不知道，如果什麼都不知道，若非睡著了，便是在前念與後念統一的禪定中，中國禪宗的禪是定慧均等的，在統一心的狀況下，不因環境的影響而受到波動。

統一的體驗並不一定要靠打坐的工夫，只是若不透過打坐的練習，往往禁不起外在的影響。因此，要經常練習著用這樣的心態來面對所有的人、所有的事，能夠這樣，心一定是在平靜的狀態下。當身心與內外統一的時候，就能長久地保持著這種統一心，那麼，對任何人就不會產生仇恨心、占有心、妒嫉心等；相反地，會產生一種柔軟心、安定心、感恩心，那就跟慈悲心相應了。如果經常練習著內外統一的心態，而且有佛法的觀念做為指導，就可能會在某一個時空中突然開悟。

有了內外統一的心態和經驗，並非就無我了，還是有自我中心的存在。因此，不要執著它，不要認為自己已經得解脫、得自在了，這只是統一心而已，並沒有開悟。

前念與後念的統一，則是心中沒有任何想法、任何妄念在我們的腦中出現。心，經常保持著明朗、安定、清淨，似乎自己是在水晶的裡面，而自己也變成了水晶，但是，不是感覺到有水晶在，而是自己覺得是這麼地透明、這麼地安定、這麼地清淨，這種心，稱為前念與後念的統一。這個時候，還不算開悟，仍然要用佛法的觀念來指導，知道那種狀況尚非真正的無心，不要去執著它、貪戀它；能夠如此，就可能在生活之中，接觸到某一樁事物，便突然間開悟了。

以上所講的是漸修漸悟，是漸漸地修，漸漸開悟，開過悟一次，仍然還是需要繼續不斷地一次次的開悟。那麼，這跟慈悲又有什麼關係呢？所謂開悟的悟，是將所有心理的負擔徹底放下，當負擔不見的時候，就有一種如釋重負的歡喜，接著會發現沒有開悟的眾生都是生活在重重負擔的痛苦中，經常是與自己的內心有衝突，跟環境有矛盾，跟他人有對立，這是前念與後念的衝突，過去和現在的衝突，理性和感情的衝突，得失利害的衝突，這種種的問題，會使已有開悟經驗的人，產生一定要幫助他們的慈悲心。

請問諸位，假如你們的家人或者朋友遇到矛盾衝突的時候，他們也許會有些不友善的行為出現，可能用語言的，或者是動作的，使你受到刺激、不舒服，在這種狀況下，如果你已經有了慈悲心，或者已經有了開悟的經驗，是否還會反擊他們呢？你一定還是會有反應，例如接受他、安慰他、協助他、暫時迴避他，但是這種反應，會將矛盾衝突化解於無形。

對人慈悲，對己智慧

所謂漸修頓悟，除了是不斷地練習自己的心能夠集中、統一，還要練習生起慈悲心。開始修學佛法，首先要發菩提心，那就是未悟之前，當自己遇到了任何的對象，所起的心理反應，是如何使他們能得利益、得歡喜、得快樂，便不會跟他人起矛盾衝突，修行便容易得力。

但是有些人對所有的人都很友善，很有慈悲心，對自己就是放不下，經常迫害自己、壓抑自己，使自己痛苦，這就是沒有智慧，也對自己不慈悲了。因此，漸修頓悟，就是練習著對人有慈悲，練習著對己有智慧；使他人不要有痛苦、困擾、難過，同樣也要使自己沒有痛苦。當自己遇到麻煩的事，起煩惱時，要練習用方法，首先享受你的呼吸，體驗你的呼吸，把神經放鬆、肌肉放鬆，暫時將當前的狀況放下，不要執著它。享受體驗的同時，要這樣想著：「嗯！呼吸真快樂；嗯！呼吸真舒服；嗯！我還活著。」既然活著，就表示還有無限的希望，不必擔心也不必痛苦，應該如何處理就如何處理吧！因為痛苦是沒有用的，能夠如此，就是對自己有慈悲了。

由修習禪法而生智慧，名為「從禪出教」；依佛說的教義而修證智慧，發現自己的本來面目，名為「藉教悟宗」。由悟自心佛心，即是眾生心，便會起大慈悲心，唯願多如大地塵土的一切眾生，皆能修習佛法的禪慧，得大自在。

釋迦牟尼佛及其弟子就是慈悲的典範。當佛還是喬答摩王子時，因見人有生老病死諸苦，又見眾生有弱肉強食的殘酷景象，所以起大悲憫心，要為眾生尋求離一切苦得究竟樂的方法，因此出家修道；證悟佛法之後，便展開了終其一生四十多年的傳法工作。世尊成道後的第一個夏季，在鹿野苑為五比丘說法，使之逐一悟道，證阿羅漢果，佛即囑咐他們立即遊化人間，傳揚佛法，並且不得二人同路，原因乃人間急須佛法的幫助，這也正是佛的慈悲。

歷代佛子菩薩慈悲，遞嬗傳受佛法。神會禪師的《顯宗記》說明禪宗重視傳承，是由於歷代祖師菩薩們的慈悲心。佛在世時，主要是聽佛說法，佛滅度後，便將佛法付囑諸弟子們代代相傳。佛傳大迦葉，再傳阿難，第二十八傳便是到中國傳法的菩提達摩。又說是大迦葉結集法藏，阿難口誦，眾阿羅漢共同證明無誤，此後便口口相傳，代代相傳。一者傳心法，二者傳教法，均係出於對眾生的慈悲心。

慈悲的法門

菩提達摩（西元六世紀）的「二入四行」是自在解脫、廣度眾生的慈悲法門。二入即「行入」和「理入」，「行入」又分四行：一、「逢苦不憂」是報怨行——因果觀。二、「苦樂齊受」是隨緣行——因緣觀。三、「無求乃樂」是無所求行——無相觀。四、「稱化眾生，而不取相」是稱法行——絕觀、中觀。理入即「無自無他，凡聖等一，……無有分別。」此為徹悟。

六祖惠能大師（西元七—八世紀）的慈悲法門，舉例介紹如下：

《六祖壇經．定慧品》：「若前念、今念、後念，念念相續不斷，名為繫縛，於諸法上念念不住，即無縛也。」

《六祖壇經．坐禪品》：「外於一切善惡境界，心念不起，名為坐；內見自性不動，名為禪。」

《六祖壇經．懺悔品》：「自心眾生無邊誓願度，自心煩惱無邊誓願斷。」在方法時，是在自淨其心；在自心不動時，是度眾生；在度眾生時，是自淨其心而又自心不動。修行不分內和外、不分自己和他人，正如《金剛經》所云：「滅度一切眾生已，而無有一眾生實滅度者。」又云：「應無所住而生其心。」「無所住」是自心不動的清淨心，「生其心」是隨類應化而度眾生的智慧心及慈悲心。

百丈禪師（西元八—九世紀）的牧牛法門便是慈悲行的顯現。

大安禪師問百丈禪師：「學人欲求識佛，何者即是？」

百丈云：「大似騎牛覓牛（見性前）。」

大安問：「識（見性）後如何？」

百丈云：「如人騎牛至家。」

大安問：「未審始終（尚未徹悟），如何保任？」

百丈云：「如牧牛人，執杖視之，不令犯人苗稼。」

這個意思是說，百丈禪師的弟子大安問他：「我想認識佛，不知道佛是什麼？」

百丈說：「嗯！就好像是你騎著牛還在找牛的背一樣。」這是說其實你自己就已經是佛了，卻在問佛是什麼。

然後大安又問：「喔！我認識了牛，那又怎麼辦呢？」百丈說：「那你就騎著牛回家吧！」既然已經知道自己是佛，但是還不完全能夠回到佛的家來，也就是說佛並沒有完成，還只是一個嬰兒佛。

大安又問說：「這尊佛還沒有完全完成，那怎麼辦？」百丈說：「你就要拿著鞭子，隨時看著這個牛，不要讓牠隨時亂吃草。」這就是告訴我們要繼續不斷地修行智慧和慈悲，不要懈怠，不要自害害人。

如何在平常生活中，以不動心修慈悲行：一、守心、觀息；二、以平常心看待得失；三、用精進心修福慧。

（二〇〇一年五月十五日講於美國紐約曼哈頓 Arpad Hall 的法鼓山西方人禪坐會，姚世莊居士整理，刊於《法鼓》雜誌一四九—一五〇、一五二—一五三期）

禪與人生

講到禪，很多人誤會禪是一種神祕經驗，或是一種神通；也有人將禪當成是入定，認為修行就是打坐，就像一般人形容的所謂老僧入定，坐在那裡紋風不動，大概就是禪了。

事實上，禪修的基礎是要打坐，但並不一定要盤著腿，站著、坐著、走路，乃至吃飯、喝水、工作、休息，都可以是禪修。只要專心一意，練習如何能夠使心安定、平衡，如何能隨時隨地做自己的主人，不受環境、人與人之間的矛盾衝突，或者自己和自己觀念上的衝突矛盾所影響，都可以是禪修。因為內心有衝突、有矛盾，人就會失去平衡，就會產生苦惱，使自己痛苦，也使得與自己生活在同一環境中的人受到影響，這就是自害害人而不是禪修了。

曾看過一位先生，他看佛經，也懂許多道理，但是他的情緒極不穩定，並且有酗酒、賭博等不良嗜好，賭輸了會罵人，酗酒後會發瘋，他也知道這是不對的，但就是無法控制自己，等事後就會對朋友，甚至對我說：「唉！我這個人真是糟糕，就是沒有辦法控制自己，不過，從現在開始我已下定決心，再也不酗酒、不賭博了。如果再賭，就砍我的手；如果再酗酒，就打我的耳光。」但是這位先生是否從此不再賭博、不再酗酒了呢？

有些聰明人往往會做糊塗事，這位先生雖然懂得道理，但自己做不到，原因就是身不由己、心不由己，如果能用禪的方法，首先觀照自己的心，經常練習著使自己的心不受環境、情緒的影響，有情緒時，馬上用方法來幫助自己，能夠如此，就可以指揮自己，成為自己的主人，這就是禪的功能。有人認為這樣的修行，必定要用許多時間，最好是到廟裡或山裡去長期修練，其實，只要願意，在任何一個地點及時間，隨時都可以用。

因此，要練習身體在哪裡，心就在那裡；現在正在做什麼，心就在做什麼，也就是說，心是跟自己現在的舉手投足、起心動念在一起，譬如諸位現在正在這兒聽講，你的身體在這裡，心就要留在這個地方，不要再有另外的念頭，想其他的事；你的耳朵在聽我說佛法，心也是清清楚楚地在聽佛法，這就是禪修的基本原則。

放鬆身心，體驗生命

唐朝的禪宗六祖惠能大師，未出家前，是一位砍柴的樵夫，進入寺院之後，則在廚房做苦力，開悟得法後，他還在獵人的隊伍中看網，從惠能大師的傳記裡，看不到他在何時打坐過，因此，中國禪宗流行著兩句話：「修行不在腿，說法不在嘴。」意思是說，修行不只是在盤腿，說法也不光是用嘴巴，而是要以行動來實踐，才能受用，才能感動人。真正的禪修，是在於使得自己的心，能夠明朗、穩定、有智慧。

然而，我們也許只能在兩、三分鐘之內，做到身體在哪裡，心就在那裡，要求持久做到，其實是很困難的，特別是在利害與感情發生衝突時，要使心能夠平靜、安定，就相當不容易了。有一位臺灣的民意代表，他常常教人要以「平常心」來處事，結果沒有選上連任，心中有很大的失落感，他來見我說：「師父，我只是以平常心來競選，我不在乎這次選舉失敗，不過，我是全心全力為選民服務的，那些投票的人真是沒有眼睛、沒有良心啊！」我請他來學打坐，我想他在修行得力之後，這樣的話大概就不會說了。

最簡單的修行方法，就是體驗自己的呼吸，享受自己的呼吸，欣賞自己的呼吸，知道自己呼吸的粗與細，因為呼吸跟我們是最密切的，只要有呼吸，就等於擁有無限的希望，就等於擁有一切的可能，因此要珍惜它、體驗它、享受它、欣賞它，能夠這樣，心情自然很快地就會平靜了。

以上兩種方法，第一種是原則，身體在哪裡，心就在那裡；第二種是欣賞、體驗、享受自己的呼吸，這兩種方法在任何時間都是可以用得上的。至於打坐究竟該如何坐呢？將坐在椅子上的身體放鬆，頭腦放鬆，然後再體驗呼吸，這也算是在打坐。打坐時如果能夠盤腿當然最好，因為盤腿打坐的時間能維持較久，坐得也穩，對身體健康有很大的幫助，如果不方便盤腿打坐，就隨時將身心放鬆，體驗生命之中最重要的部分，那就是呼吸，也就是在禪修了。

能夠用禪修的觀念和方法，就能幫助我們開發智慧，減少煩惱，同時也能幫助他人，這是自利利他的兩得其益，否則，我們常常就會像撿石頭砸自己的腳，明明知道不該做的事，不該說的話，不該起的念頭，往往還是會做、會說、會起，如果能用禪的修行方法，生活的品質自然就會提昇，它是一種安定的力量，是開發智慧的方法，是超越主觀與客觀的態度。

人生是什麼？很多人都知道：從生至死，就叫作人生。人生下來之後，慢慢成長，長大了之後結婚生子，再看著兒女們結婚生子，最後自己老了，度著頤養天年的日子，等待死期的來臨，這就叫作人生。

事實上，生命是一樁事實，生命繼續地活動稱為生活，一直生活下去是為生存，我們的人生大概就是如此。但是，很多人不清楚生命、生活、生存究竟是什麼？就像一句形容詞，稱我們的人生是「醉生夢死」。其實，人生之有異於一般動物之處，是人有責任與義務，在盡責任和義務的同時，又有權利與使命。每個人都有許多身分和立場，而對每一種身分及立場，都是該擔負起責任和義務的。

每一個人都可能同時有很多種身分，例如是國家的公民、父母的女兒、兄弟姊妹中的姊姊或妹妹、學校裡的老師或學生、職業婦女、先生的太太、翁婆的媳婦，如果生了孩子，就是孩子的母親，乃至於孫兒女的祖母。每一種身分都有其應盡的責任，如果沒有盡到責任，那就有失身分了。因為不盡本分，就不盡職，做人就有缺失，稱為「不夠格」。許多人都希望他人尊重自己，但是如果自己沒有對他人盡責負責，又如何叫他人來尊重你呢？

人生的情與義

人有人的義務，義務與責任是不太一樣的。責任，就是什麼立場、什麼身分，就該盡其應盡的本分工作，但在既有的立場、身分之外，還有一些義務的工作要去做，譬如說，我來到芝加哥，好多先生、女士並不是我的弟子，也不是佛教徒，跟法鼓山並沒有什麼淵源，卻也出錢、出力，為我的演講花了許多心血，這就是盡義務了，也就是說，在自己應做的工作之外，額外去為他人服務。

至於聽我演講，是責任還是義務？我想這算是一種權利。可是，以我本身來說，演講是我的責任，還是義務呢？可以說是責任、義務，也可說是權利，但是，更重要的，這是我的一項使命，因為我是出家的法師，必須要有這個使命，將佛法分享給所有的人，由於我的這項使命，就能讓大家分享到佛法的好處了。

人生，是有感情、也有理智；有痛苦、也有快樂的，通常我們所感受到的這些心情，必定與我們的生命息息相關，這是很明顯、很清楚的事實。拿母親與孩子的關係來說，孩子在小的時候，對母親的依賴完全是感情的，等到兒女稍長，除了感情之外，更多是在理智上知道自己的父母，應該要照顧他們。由於對父母的依賴感漸漸淡化，感情的成分也就比理智的成分少了。我曾這樣講過：父母看兒女是肉裡的肉，肉裡的肉就是心肝寶貝了；兒女看父母則是皮外的皮，皮外的皮就比較無關痛癢了。

最近我看到一位女作家發表的一篇文章，她說自己在一生之中，從沒有談過戀愛，也不知道愛情是什麼；她不希望享受愛情的快樂，也不希望被愛情的痛苦所折磨；她跟丈夫結婚，只是為了需要結婚而結婚，夫妻兩人的生活就像君子之交。淡淡的幾年過去了，似乎人生就是這麼平淡。可是最近，她生了個兒子，從此以後，在任何時間裡，她對孩子總是牽腸掛肚的，心裡老是想著：「我的孩子怎麼樣了？……。」她形容自己在未生孩子之前，是六親不認、沒有感情的，現在則是被孩子牽著、掛著，這真的是兒女情長了，可見父母對兒女的感情，有多濃厚了。

我不知道在美國的人，年紀大了之後會怎樣，在東方，當年歲老了的人，因為沒有事情可做，心裡就老是掛念著兒孫，希望與兒孫一起住，但做兒孫的就是不願被老人家嘮叨，甚至討厭老人家，沒有事卻喜歡管閒事，因此將他們送往老人院，在臺灣，這樣的問題還滿嚴重的。

我會聽到一些老人家向我抱怨說：「我的兒子是不錯的，就是媳婦不孝；我的女兒也很好，就是女婿不好！」老人家捨不得罵自己的兒子、女兒，只好罵媳婦、罵女婿，我告訴他們：「年紀大了，如果希望少一點痛苦、多一些快樂的話，只有一個想法和作法，那就是：兒孫自有兒孫福，少念兒孫多念佛。」

（二○○二年五月四日講於美國芝加哥 Regina Dominican High School，姚世莊居士整理，刊《法鼓》雜誌一五五—一五七期）

身處颶風眼——如何在恐慌中得平安

中國人年年祈禱「國泰民安，風調雨順」，希望國家太平、人民安樂，可是從歷史上來看，不管在中國，還是世界各地，沒有戰爭、天災、人禍的年代似乎很少，每年在不同地方，幾乎都會有大大小小的災難出現，像去年（二〇〇二年）就發生SARS這樣的疫情。記得十多年前，全世界都恐懼愛滋病，更早時，還有死亡率高的癌症，此外，還有無法預期的車禍、空難、海難等意外事件。

有些人認為宗教是一種迷信，不平安的就是不會平安，因此，當佛教徒向佛菩薩求加持、求平安，他們便懷疑這些祈禱和信仰，是否真的有用？

曾經有一位先生為求職去應考，十人之中只錄取一人，當時他非常緊張，跑來找我幫忙，我告訴他：「不僅只有我為你祈禱、祝福，我也祈求觀音菩薩加持你，保祐你考試錄取。」由於他信任我，加上相信有觀音菩薩加持，同時做了充分準備，筆試、面試沒那麼緊張，居然就被錄取了。

生活在不安的環境中，有信仰的人會比沒有信仰的人獲得更多平安。沒有祈禱、信仰的人，遇到恐慌時心緒會慌，一旦慌亂，頭腦就會不清楚，就像眼睛被矇上的蒼蠅，到處亂飛亂撞，本來沒那麼危險，反而變得更危險；而有信仰的人，不論信什麼宗教，遇到危險時，一心祈禱，相信佛菩薩或神的力量，就會產生信心，內心也會比較平安、平靜，如此便有機會找出一條路，然後脫離險境。

我們都希望平安，其實只要心裡安定，就會有平安；心不安定，不論說話、動作都在慌亂狀態下，都可能為自己製造麻煩，為他人帶來困擾，也因此容易形成危險。在戰場上愈是怕死的軍人，死得愈快，因為內心慌亂，便不知如何躲避敵人，如果內心沉著、安定，存活機會就比較大。保持內心安定，該怎麼做、怎麼處理的，就怎麼去做、去處理，所謂「兵來將擋，水來土掩」，危險性一減少，安全性自然增加。

佛教所講的「禪」，即是讓人從混亂的心變成安定的心，從安定的心轉化為智慧的心，這其實是很簡單的一樁事，例如六祖惠能大師講的頓悟法門，就是不管遇到任何狀況，都能以「不思善、不思惡」來應對。看到事情發生，不去思考好或不好，心裡不要去分別它是對己有利或無利、危險或安全，當下的心就是安定的，這就是智慧。

最近有位菩薩打電話給我：「師父，您年輕時曾寫過一篇罵人的文章，現在有人要出一本書，會把它寫進去，這對您很不利，是否請他不要寫出來？」我告訴他：「是我寫的，就是我寫的，如果有人問我為什麼寫成那樣？很簡單，那時候的我愚癡啊！」遇到事情，不去思考對自己有多大損失或不利，而是承認、面對當時做的事，只要往後不再那樣做就好；萬一出現危機，則盡量設法，使所受的傷害減到最低；如果已經處理，還是無法圓滿，那就平心靜氣地接受事實，也等於是在處理了。

如果沒有智慧來處理危難事件，遇到慌亂、恐懼時，尚有兩種禪修的方法：一、前面所說的信仰，念觀世音菩薩或者阿彌陀佛的聖號；二、體驗呼吸在鼻孔的出與入。

用呼吸方法安定身心

通常在慌亂的狀況時，呼吸一定急促，心臟跳得厲害，心亂和呼吸急促是有互動關係的，因此，注意呼吸進與出的感覺，而且要告訴自己：呼吸就是我的生命，有呼吸，表示我還活著，呼吸是最可貴的，至於危險的事情，等享受呼吸之後再來處理。否則，死的時候，連呼吸的感覺都不知道；活的時候，連呼吸的味道都沒有享受過，真是可惜呀！所以，好好享受一下呼吸，吸的時候是清涼的，呼的時候是溫暖的，呼吸實在是太好了。

練習著享受呼吸、體驗呼吸，心情一定會安定下來，經過幾次呼吸的體驗之後，就不會再有恐懼感了，便能平心靜氣地來面對它、處理它了。如果時間不是那麼地緊迫，還可以把頭腦放鬆，身體放鬆。所謂頭腦放鬆，主要是把眼球放鬆，眼睛閉上放鬆之後，頭腦一定會放鬆，那麼身體的肌肉也會放鬆。在這種放鬆的情形下，頭腦的判斷力是比較清楚的。

有一位居士的兒子發生車禍，家裡的人都急得團團轉，他反而去打坐，家裡人就罵他：「孩子都發生車禍了，還在打坐裝死！」他坐了一、兩分鐘，在頭腦安靜一下之後，就曉得如何幫助兒子找到方法脫離險境。該打電話的打電話，該找人的去找人，該找醫生的去找醫生，他做了最好的判斷，救了他兒子一命，這就是臨危不亂。打坐休息，實際上是在讓頭腦沉澱、釐清，知道應該怎麼去做。

逆向思考，順勢而為

此外，還可以用「逆向思考，順勢而為」的觀念來幫助我們。

「逆向思考」，是說在遇到壞狀況時，要思考著危機就是一個轉機。面臨危機時，如果能用智慧來處理，這個危機，就是幫助我們成長的一個機會，不但能使智慧增長，甚至是增加力量的一種機會。沒有勇氣接受危機，就等於沒有辦法接受磨練、考驗，那麼就不容易成長與堅強。諸位聽過中國禪宗祖師們，訓練弟子有用喝罵及棒打的嗎？因此，禪宗常有人說香板頭上「出祖師」，如果香板打得很好，而且打的是可以承受香板、應該承受香板的人，就能容易使之開悟。所以禪宗祖師們的開悟者，往往是在經過許多折磨、困頓的過程之後，很少是平平淡淡一下子就開悟了的。

「順勢而為」，是說凡事要看因緣，因為個人所具備的條件是極有限的動因，必定還要借外在的助緣。如果許多人都需要有這樣的一樁事成功，那我就參與、付出、奉獻，並且努力促成其事。順勢而為並不等於搭一條便船，而是許多人需要坐船又沒有船時，我們就主動地勸勉大家找錢去買一條船，或者呼籲大家共同來造一條船，積極地促成其事，這條船就完成了。順勢而為，是順風順水，揚帆推舟，事半功倍。遇到危機也是一樣，只要逆向思考，順勢而為，便能將危機，變成轉機。

舉一個例子，本年（二〇〇三年）四、五月間，臺灣流行著嚴重急性呼吸道症候群SARS瘟疫，整個臺灣面臨著人心惶惶的大危機，可是對我們法鼓山這個團體而言，卻是個為社會提供關懷的好機會。因為大家都在害怕、都在恐懼，我便提出呼籲：「在此時，必須要為那些受到SARS恐懼，或者SARS感染的人們服務。光是害怕，沒有用的，先要請教醫衛專家，如何保護為此瘟疫感染者服務人員的安全，達到百分之九十以上的程度，才是有用的。」我們法鼓山緊急救援系統的人員，有了保護措施及裝備之後，就到疫區服務，我們卻沒有一人被SARS感染到，因此得到整個社會對法鼓山團體的讚歎。這也可說就是逆向思考、順勢而為吧！

（二〇〇三年六月十四日講於美國紐約曼哈頓哥倫比亞大學，姚世莊居士整理，刊於《法鼓》雜誌一七三—一七四期）

超越生命中的關卡

人生的五種關卡

大致上說，人生的關卡有五種：第一是生活的問題，第二是感情的問題，第三是失業的問題，第四是健康的問題，最後一個是生死的問題。

人最基本的需求，就是要餬口，一個家庭之中，有大有小有老，如果做為家中經濟支柱的人病倒了，又沒有銀行存款，是不是生活就成了問題？

愛情也是生命的基本需求。希望有下一代的傳承，因此要戀愛、要結婚，但是人與人之間的感情，不是那麼簡單。人的感情很微妙，並不是說他娶不到太太、她嫁不了人，兩個人就可以在一起、結婚了。

曾經有一個老太太，女兒要嫁人，她不同意，結果她跑來跟我說：「我的女兒很不孝順，她要嫁一個我不喜歡的人。」後來，她的兒子要娶媳婦，她也不喜歡女方。結婚之後，這位母親就和兒女斷絕關係，直到下一代出生，老太太又來跟我講，「孫子是我兒子的，外孫是女兒的，我都要；但是女婿、媳婦，我不要。」「結婚是兒女的事，不是你非管不可的事。佛教徒是讓人歡喜的，要慈悲喜捨，把你的女兒捨給女婿，把兒子捨給媳婦，不就快樂了。」她聽了我的話，現在全家過得非常和樂。

很多人都知道男女之間的關係叫因緣，卻不知如何解釋「因緣」兩個字。其實，因緣是互相的，互相共同努力才成因緣，只有因沒有緣，是無法建立情感的。

第三種失業的問題。高失業率是今日全球性的普遍現象，如果失業了還有飯吃，不影響生計，還不至於痛苦；失業後還可以試著找其他工作，或者做一些非營利性的工作，像是當義工；也可以趁機多學點技藝，總是會有事情做。

第四種有關健康的問題。影響健康的因素，有身體的、環境的，也有心理的，假如因為環境不好，導致身體有病痛，可是心理非常健康，那還算是健康的人；但如果因此感到不幸福、痛苦，埋怨社會不公平，就是心理不健康。

在漢文裡，「痛苦」兩個字通常連在一起，好像說會痛就會苦。事實上，痛是生理現象，苦是心理現象，痛不一定會苦。心理不快樂、不平衡，所以會苦，可能連帶也使生理機能害病；而有的人雖然身體不好，但是心理很健康，這樣的人不會影響自己的生命品質，也不會影響他人的；如果身體健康，心理卻不平衡、不健康，就會影響到自己，甚至連累到周遭其他人。

第五種是生死問題。凡是有出生，就註定必然會死亡，如不能面對這個事實，便是生命中最大的關卡；如果能將死亡視為永恆時空中的一個片段，死亡並不等於生命的中斷，而是另一個起點的開始，並是充滿希望的另一個起點，就不會成為關卡了。

是不是所有人都公平？

世界上是不是所有人都公平？同一個家庭裡的兄弟姊妹，是否得到父母相同的對待？夫婦生活在一起，吃飯的時候，兩個人食量是不是相同？其實我們都很清楚，人生在世，絕對不可能完全平等。

曾有一個母親帶兩個女兒來見我，大女兒長得很漂亮，二女兒長得很醜。她的二女兒對我說：「師父，我的母親不公平，把我生得這麼醜，把我的姊姊生得那麼漂亮！」她的母親則說：「我是被冤枉的，你本來就醜，跟我有什麼關係？」

一九九九年臺灣發生九二一大地震，有的家庭全部罹難，有的只留下一個人。我到災區慰問，有一位先生問我：「師父，佛教不是講因果嗎？可是我和家人一生從沒害過人，為什麼會家破人亡？」

達賴喇嘛曾說過，假如你願意相信，我們人有這一生、有未來生、也有過去生，就不會認為生命不公平。我們在這一生以前，曾經也有生命的過程，在過去生之前，尚有許多的過去生；這一生，只是生命過程之中的一個階段，這個階段非常短。而從這一生到未來生，如果不是到西方極樂世界，不是到天國，一定還會轉生為人，或者是投生到其他眾生道去。

這就像是我們過去生借了債、欠了錢，這一生要償還，這一生不還，下一生還是要還。或者我們過去生中，曾與其他人結緣，結的好緣愈多，我們所得到的福報愈好；結的惡緣愈多，所得到的惡報也就愈多。如果相信這一點，我們就可以理解到，所有人實際上都是公平的。

另一個原因，是我們在過去生許了願，願意用自己所有的資源，包括健康、生命、財富等等資源來幫助人，而且願意生生世世奉獻，這是發菩提心、菩薩願。從大乘佛法講，發菩薩願、菩提心的，都是從凡夫開始。凡夫在這一生或過去生發了助人的願，可是轉生之後，記不得過去曾經發的願，而願的力量，還是持續到這一生來。所以有一些人受苦受難來幫助其他人，自己覺得不公平，事實上這是他們自己發的願，但是忘掉了。

我有一個在家弟子，當年生孩子的時候難產，必須剖腹，孩子生出來以後非常難帶，病多且常常吵鬧。他的母親跟我講：「師父，這是討債鬼，我不知道過去世欠了他多少？」

「錯了，這是小菩薩，妳也是菩薩。」我說：「小菩薩是來度妳的，是來成就妳修忍辱波羅蜜，成就妳能夠有更多的慈悲心，所以是菩薩；而妳過去世發了願，要度眾生，而且是度難度的眾生，所以是大菩薩。」

擔心，多餘的折磨

釋迦牟尼佛的佛法，是要我們得到兩種利益，第一種叫作「現法樂」，也就是在現實生活中，不管我們身在哪裡，只要用佛法就能得到平安、喜悅，這叫「現法樂」。

第二種是「解脫樂」。所謂解脫，是指從煩惱中釋放、從生死中出離，進而得到解脫。若從廣義地去解釋，不一定涅槃之後才得到解脫，生活之中，只要運用佛法的方法和觀念，一時間不受煩惱的困擾，就是一時間得到解脫。

當我們遇到各種困難，甚至危及生命安全的時候，如果懂得佛法、相信因果，就不會產生莫名其妙的恐懼。有一次，一位居士為我開車，他的駕駛技術很好，車開得很安穩，但是在途中遇到一輛飛車，差一點被撞到，還好他反應很快，趕緊閃躲。當時全車的人都在尖叫，但他們看我沒反應，於是問我：「師父，您看到沒有啊？您怎麼不怕啊！」

「怕有什麼用！已經撞到了，怕也來不及；沒有撞到，也已經過去了，還需要驚怕什麼呢？」

小心謹慎是需要的，擔心恐懼是多餘的。前年（二〇〇三年）底，我到了以色列，當地經常發生巴勒斯坦激進分子的恐怖攻擊事件。我在那裡有一位弟子，我問他：「你們生活在這裡，覺得恐怖嗎？」他說，隨時隨地都可能遇到自殺炸彈的攻擊，所以經常生活在恐懼之中。我告訴他不必恐懼，「並不是每一個以色列人民都死於恐怖事件，在醫院病死的人，反而比在恐怖事件中死亡的人數更多，對不對？」他說：「是。」

幾年前，臺灣曾有一架飛機在空中發生爆炸，但幸運地只炸了一個洞。當時飛機上所有乘客都非常恐慌，因為人在半空中，連逃生的機會都沒有。其中有位乘客剛參加完法鼓山的禪七，就跟大家講：「緊張沒有用，大家趕快念觀世音菩薩，念觀世音菩薩就沒事了。」他自己念觀世音菩薩，全飛機的人在緊張之中，也跟著念「觀世音菩薩、觀世音菩薩」，就像喊救命似的。結果，飛機平安地降落在機場。

其實，念佛也好、念觀世音菩薩也好，或者是禱告你們所信仰宗教的神，也都有用，那能使我們的心一時間安定下來，不致於那麼恐懼，就可以比較平安。如果大家心有恐懼，以致張惶失措、盲目逃生，那飛機上的乘客可能就麻煩了。

我們出生的時候，大致上就註定了什麼時候會死亡、在何種情況下死亡，這是因果。不必擔心死亡，擔心是多餘的折磨。沒有錯，我們隨時都可能面臨死亡，但是死亡沒有臨到之前，不必擔心；果真臨到的時候，擔心也沒有用啊！

一時超越，一時得解脫

曾有一位女士生了病，到醫院檢查，結果醫生告訴她，癌症已經到了末期，還有兩個星期的時間，就好好生活吧，不必治療了，這位太太聽了以後非常恐懼，結果第二天就死了。

另一個例子，也是一位太太，檢查也是癌症末期，醫生判斷她只剩下二、三個月的生命。我告訴她說：「醫生告訴你沒希望了，你可以相信，也可以不相信。不要等待死亡，也不要恐懼死亡，你就發一個願，好好運用剩下時間修行佛法。」

她問我怎麼修，我告訴她，只要拿著念珠，念阿彌陀佛。「阿彌陀佛的意思是無量的光明，也是無量的壽命。你一邊養病、一邊念佛；念佛時不需出聲，默默地想：我跟阿彌陀佛在一起，阿彌陀佛是無量的光明，我的生命在光明之中；阿彌陀佛是無量的壽命，我念阿彌陀佛，就是念的無量壽。念佛心是佛，我跟佛在一起。」一直到現在，這位太太都還活得好好的。

中國禪宗講「見佛性」、「即心即佛」、「即心是佛」，意思是說，如果能夠見到佛性，我們就會有智慧、有安全感；又說「朝朝共佛起，夜夜抱佛眠」，意思是說，每天早上我們跟佛一同醒來，晚上和佛一起同眠，我們從沒離開過佛，佛也不曾離開過我們，所以，平常念佛也好、念觀世音菩薩也好，佛菩薩是經常和我們在一起的，這樣子，我們還會不平安嗎？

至於如何體驗到跟佛菩薩在一起呢？佛講的道理之中，除了因果之外，還有因緣法，了解因緣法，就能真正體驗到佛說的法，體驗到佛說的法是什麼，就等於自己見到佛。《阿含經》說：「見緣起即見法，見法即見佛。」緣起，即是說我們的生命是由因緣所產生的。

第一個最早的「因」是「無明」，就是愚癡、沒有智慧；因為愚癡、沒有智慧，所以有自私的我執，因此造了種種的惡業和有漏的善業。造了各種的業後，於是有「緣」的事實。「緣」出現以後，我們又繼續造業，而造業之後，就要受報。在造業、受報的因果之間，我們不斷地出生、死亡，在生和死之間，我們受種種的苦難之果，又生起種種的煩惱，製造種種的業因。

如果我們發現自己有無明、有愚癡；發現自己有煩惱、有痛苦、不快樂，就告訴自己：「我們不需要自討苦吃、自尋煩惱。我們可以沒有煩惱，可以不要恐懼、不要憂慮。」

我們應盡力避免發生不愉快的身心狀況，但是不必擔心，如果能這樣，就是一個有智慧的人；如果能這樣子，就能從危險、煩惱、痛苦等種種關卡超越過去。若能一時間超越，你就一時間得解脫；若能常常超越，乃至永遠超越，你就是常常解脫、永遠解脫的人，就是能超越生命關卡的人了。

如何達到解脫？

佛教具有三種功能，第一是信仰的，第二是生活的，第三是原則的，這三種功能都有理論的基礎和實踐的方法。

首先說信仰的功能。所有宗教都重視信仰，比如久旱未雨、發生流行的疾病、遇到危險的困難，很多宗教告訴人們用祈禱、禱告的方式來解決問題。佛教也同樣重視信仰，比方有人希望求長壽，就念「藥師佛」；希望平安，就念「觀世音菩薩」；希望能往生西方極樂世界，就念「阿彌陀佛」。

其次說到生活的功能。學佛人可以隨時運用佛法，調整日常生活中的觀念和行為，得到安身、安心的效果。例如當我們遇到了困擾，可能會產生憤怒、憂愁的情緒，佛教徒如何運用佛法，去處理這些問題？最簡單的方法，就是念「阿彌陀佛」或「觀世音菩薩」；遇上無可奈何、啼笑皆非的事，或蠻橫不講理的人，當下不能做任何事，就念「阿彌陀佛」。至於這樣是不是能把問題給解決呢？不一定，但至少自己不會那麼生氣。

再說到原則的功能。身為佛教徒，有許多事必須做，也有許多事不能做，這當中的標準就是原則。一個信仰佛教的人，首先不能殺人；第二不可以做強盜土匪；第三不可以有混亂的性關係；第四不可以用言語去傷害人、欺騙人；第五不可以酗酒、吸毒、賭博，這些原則也是最基本的生活規範。

因此，做為一個佛教徒必須具備三種條件：虔敬的信仰、調心的方法，以及道德的生活標準。

佛法最深的目的，是要我們從生死中解脫。生死的解脫有兩種不同狀況，一種是這一生結束以後，再也不到娑婆世界來投生，從此不生不死。這是一種解脫，也叫作小乘的涅槃。

另一種是大乘菩薩的解脫，是從對生死的恐懼得自在、從對生死的煩惱得自由。他們既不戀生死，亦不畏生死，在此生結束以後還是會到人間來，跟眾生生活在一起，來度煩惱生死中的眾生，這叫作大乘菩薩的解脫。

中國禪宗所說的「悟道」或「明心見性」，指的是在現實生活中，不受環境、自己身體狀況的影響，而活得很快樂、很自在，這就是菩薩的解脫。我們的生命看起來有「我」，事實上這個「我」是五蘊的臨時組合，隨時都在改變之中。如果能體驗到我們的自我，只是一個臨時組合的假我，我們就不會有煩惱，既然沒有煩惱，就是解脫了。

至於如何達到解脫？那就要修行，而修行的第一步就是要學習佛法。學佛的人，一定要相信釋迦牟尼佛，同時要參加修行佛法的團體；而進入佛門的作法，就是三皈依。佛說：「皈依佛，不墮地獄；皈依法，不墮餓鬼；皈依僧，不墮畜生。」一念一次，就有一次的功德；常常地念，自然就會用佛法來幫助自己、幫助他人，也就不會墮落、恐懼了。

佛法，又叫作安心的法門，心安就有平安。如果自心不平安，而希望環境平安，那是永遠不可能的；如果自心平安，自然不會受到環境現象的影響了。祝福大家永遠平安。

（二〇〇四年四月十八至十九日講於新加坡光明山普覺禪寺，刊於《法鼓》雜誌一八〇—一八一、一八三—一八五期）

禪與人間淨土

自己轉變，世界就改變

中國禪宗的「禪」，並非只是印度的禪定，它代表著定慧不二的心體、心相和心用。只要能使心安定、清淨，能夠有慈悲心和智慧心，就是「禪」。所以「禪」是用來淨化人間、社會、人心，以及淨化人與人之間的關係，也就是「環保」。法鼓山提倡「心靈環保」、「禮儀環保」、「生活環保」、「自然環保」，這四種環保就是運用禪的觀念和方法，達到淨化內在心境、也淨化外界環境的目的。

事實上，凡是有人居住的地方，本來就具備這些功能和需要，但人們太自私，不但破壞自己內心的穩定、生活的寧靜，也破壞了大自然的生態，這些都與人的嚮往恰恰相反。人們希望內心安定、生活品質良好、社會關係和諧、大自然環境適合居住，卻由於貪得無厭的想法和作法，以致跟原先的希望產生衝突、矛盾，甚至背道而馳，也因此產生種種失衡和不如意。禪的觀念，就是要我們回復本來樸質的良心、直心，把自私心和歪曲心放下，便能出現安定、清淨、慈悲、智慧的心。

一般人都希望別人改變，希望環境適應我們；到任何地方、遇到任何人時，首先都會挑選一下：此環境是否適合居住、此人是否適合與我一起居住，很少人會想到該如何去適應這個環境、如何與環境裡的人和諧相處。當你進入一個新環境，如果只想控制它、征服它，必定會破壞它，而原來的環境為了維護本身的平衡和穩定，便會產生反撲和抵抗，因而導致彼此的衝突，造成災難。

我曾遇到一位男士，幾乎每年都結婚一次，每次結婚都希望我為他祝福。他第一次結婚時來跟我說：「師父，我找到一位理想中的配偶，請你替我祝福。」然而一年又一年，因為認為所選擇的對象問題太多，不適合成為終身伴侶，結婚又離婚。到了第四年，他不再要我的祝福，因他認為自己適合做和尚。

「你這樣是不適合做和尚的。如果你出家，我這個師父就成了你挑剔、批判、反抗的對象。」我告訴他，人與人間的相處，不能自我中心太強，需要彼此學習、互相適應和諒解；夫妻之間、朋友之間、在家人和在家人之間、出家人與出家人之間，都是如此。

「如果僅僅以自己的標準，去要求其他人來適應你，那一定不快樂；自己不快樂，和你相處的人也等於生活在地獄裡。所以，自己先學習將觀念改變，以後就不會再離婚了。」我跟他說。

過了兩年，他又結婚了，直到現在都過得不錯。他跟我說：「終於娶到一個好妻子了！」事實上是他自己的心態改變了。每個人的本質其實都一樣，只要你與人相處的觀念轉變，自己的態度轉變，你的世界就會改變。我們提倡的人間淨土，就是要從自己的想法、作法改變。當我們看到的、聽到的、接觸到的、感受到的世界是友善、可愛的話，那我們也一定會被其他人所樂意接受。如果能這樣，你就是生活在自己營造的淨土中。

人間成為淨土，可能嗎？

一般人只曉得禪是一種打坐的方法，其實禪是要我們用一種沉澱心境的方法，使我們回到自己的本來面目，也就是每個人的本質——安定、清淨、智慧，以及慈悲的心。

多數人從小開始，就被自我中心的私心所蒙蔽，所以需透過禪修的觀念和方法來幫助我們，於是佛教有無常、苦、無我、空等理論，還有基礎佛教的數息觀、不淨觀、念佛觀等，以及中國禪宗的話頭禪、默照禪等方法。

利用禪修的觀念和方法，使我們了解自我的觀念是混亂、矛盾的，了解我們一向使用的各種方法，都是頭痛醫頭、腳痛醫腳的模式。當我們進行了解和反省時，對自己所處的環境、所接觸到的人，自然也會改變評價，這就是以「心靈環保」來建設人間淨土的意思。

昨天我在一場心理學會議中做了演講，會場有位心理醫師跟我說：「有的人很喜歡煩惱，如果沒有麻煩事，便覺得無聊；因此認為有事讓自己煩惱、痛苦，活下去才有意思。」諸位可能也有一些人是這樣子的吧！事實上，未開悟的多數人都生活在自己製造的麻煩中，有人還認為這是一種成就、一種希望，是一種生命的價值、一種生活的著力點。

實際上，這樣的人過得非常緊張、無奈，既不快樂也沒有安全感，心靈似乎有所寄託，其實永遠空虛。因為當你心裡不舒服、不快樂、很苦悶、覺得有麻煩時，你所看到的環境就不會是美好的。所以，用禪修的觀念和方法來調整你的想法和作法，即使環境不怎麼美好，你還是會覺得生活在幸福之中。

所謂「淨土」，就是生活環境中沒有物質的汙染、精神的汙染、人為的汙染，以及自然環境的汙染。事實上，自然環境本身不會有汙染，是因為有地震、風災、水災、旱災等天然災害發生，人們無法適應這種狀況，而認為環境是惡劣的。其實這是自然現象，不是汙染，會汙染自然環境的，只有人類。例如：臭氧層的破洞，空氣、土壤及水資源的汙染，都是人類改變環境造成的禍患。如果人類的生活觀念淨化了，就不會接受精神環境的汙染；生活態度淨化了，就不會製造物質環境的汙染。

在他方的佛國淨土中，人的身體不會有生老病死，人的內心也不會有煩惱痛苦。在我們這個地球世界的人間，會有成為淨土的可能嗎？

我們這個世間的人類，出生時就已經確定會有死亡，出生時也帶著會致病的基因一起來，所以我們不求不死亡、不求不害病，要接受死亡以及會害病的事實，但也不要因此老是在憂慮、害怕、恐懼，抗拒疾病的糾纏及死亡的來臨。只要面對疾病及死亡的事實，接受疾病和死亡的事實，珍惜生命、善用生命，來淨化心靈、淨化環境，這就是生活在淨土中了。待人友善、可愛的話，那我們也一定會被其他人所樂意接受。如果能這樣，你就是生活在自己營造的淨土中。

不是問題，何必生氣？

佛教思想中有四種淨土：在天上的「天國淨土」，例如：彌勒菩薩兜率陀天；在他方的「佛國淨土」，例如：阿彌陀佛的極樂世界；而禪宗所說「自心淨土」，則在你我心中，只要自心清淨、了斷煩惱，當下就在淨土中。

第四種是我們目前提倡的「人間淨土」。在你我尚未死亡之前，所生活的這個地球環境中，雖然會有天災、人禍以及種種不如意事，但是如果我們能夠想法改變、作法改變；能夠少一些困擾、少製造一些讓自己和他人受苦的原因，你我就是在「人間淨土」裡了。

佛法的運用和禪法的修行，就是要使我們能生活得更平安。生活得平安，內心就平安；心若不安，生活在任何環境中，都不會覺得平安。如果心不安，應該怎麼辦呢？例如：有人對你的批評是不正確的、是冤枉的，是故意要讓你生氣的，此時你該如何反應呢？

當有人罵你，你要想：這是他有煩惱，不一定是你的問題。如果確定不是你的問題，你又何必生氣？如果確定是你的問題，你應當聞過而喜，要感謝他，豈能生氣？

曾有一位先生，經常跟他的太太吵架。他跟我說：「不是我要吵，我的心裡沒有問題，是因為太太老是要跟我吵；我跟她對吵，不是我有煩惱，只是一種本能的反應罷了！」請問：這位先生是不是懂得「心靈環保」？是不是生活在「人間淨土」？是不是接受了禪修的觀念、練習了禪修的方法呢？

請諸位一定要弄清楚：要讓他人平安快樂，首先要讓自己平安快樂；唯有他人平安快樂，自己才能真正地平安快樂。能夠這樣，心內外的環境，一定是和諧的，這樣才算在做「心靈環保」，這樣才能建設人間淨土。

有時候人家跟你作對、結怨，也許你根本想不透到底是為了什麼，但是你的心中一定要平靜，切切不要他罵過來、你罵回去，運用資源來解決問題最要緊。最後送給大家兩句話：要以慈悲心來對待人，要用智慧心來處理事。當有人與你發生爭執時，你不去回應，可能就會沒事了；但如果每次遇到狀況，你一味地不回應，也不一定是好辦法。選擇適當的時機及場合，以慈悲心來包容和原諒，用智慧心來處理和解套，否則你的人間淨土裡，可能就無法寧靜了。

（二〇〇四年四月二十五日講於澳洲墨爾本曼寧翰市活動中心，姚世莊居士整理，刊於《法鼓》雜誌一八七—一八九期）

禪與心靈環保

不求安心，才是安心

禪的首要基本觀念在安心。一般人希望求得安心時，總會去求一個對象，例如對自己信仰的宗教對象祈求或禱告，不過所求的安心，大多希望擁有更多的金錢、權力，以及地位，但是一旦得到後，是不是就能因此心安呢？答案是不一定，因為環境往往會影響人們內心的平安。

最近我看了一則新聞，報導中提到，目前生活在澳洲的人，有百分之七十的人認為恐怖攻擊可能在當地發生，因而覺得不平安；我卻覺得位於南太平洋的澳洲，是個最太平的地方。數月前，我前往中東的以色列，耶路撒冷是當地最神聖的城市，猶太教、基督教、伊斯蘭教都將它當成「聖地」，照理說，那應該是上帝最照顧、最眷顧的地方，然而生活在那裡的人，卻因為沒有安全感而不快樂。

後來我到以色列首都特拉維夫演講，有聽眾問我如何安心？因為他們很恐懼，每天都生活在可能有炸彈爆炸的地方。我給他們的建議是：做好防禦措施。擔心、恐慌是沒用的，好比每天出門，什麼時候會遇上車禍？哪輛車子會撞到你？都是未知數。既然擔心、恐慌沒用，何必不安心呢？所以，平平常常去過生活，災難未來臨時，沒有事；即使會來臨，提早擔心也沒有用。

不求安心，才是真正的安心，把心放在當下，就是平安的。中國禪宗二祖慧可去見菩提達摩時，求達摩給他一個安心的方法，達摩對他說：「你把心找出來，拿給我，我來替你安吧！」慧可向內心觀照，想找自己不安的心，卻找不著而向達摩說：「我找不到我的心在哪裡！」此時，達摩則對慧可說：「我已經替你把心安好了！」

當我們專注觀照內心時，心就不會浮動，這時候的心是安定的。如果我們的心隨時隨地都能安住於一種方法，做任何事都是一心一意，那就是活在現在。對於未來，我們可以去思考，可是事情尚未發生，不需要去憂慮或興奮；對於過去，既然已不是當下，就不用後悔，也不必覺得驕傲。如果忘掉現在，只想著過去、未來，那麼心就無法真正安定下來。

禪宗的修行，最重要的就是把心念放在現在。過去的不管它，未來的不管它，只是在現在；當發覺連現在也僅是過程，而非根本的存在時，就是開悟了。心念，從極短暫的現在，不斷地變成過去；而未來尚未開始，所以說現在根本是不存在的。因此，當達摩叫慧可拿自己的心給他看時，慧可不看過去、不看未來，只看當下，但他發現連當下的心也瞬息生滅，領悟到自己的心原來並不存在。既然無心可安，心當然是安定的，所以達摩會說已將慧可的心安好了。

放下自我中心的煩惱

從前有位趙州從諗禪師，有一天喝早茶，一個新來的弟子去見他，趙州問：「新來的嗎？」他說：「是！」於是趙州叫他去喝茶。此時，另一位弟子也來向趙州請法，趙州問：「新來的還是舊住的？」他說：「我在這裡住很久了。」趙州也叫他去喝茶。第三位弟子覺得很奇怪，就問：「新來的去喝茶，舊住的也喝茶，您為什麼不跟他們說法，卻叫他們都喝茶去？」趙州說：「你也喝茶去罷！」

後代許多人都在參這個公案，認為其中一定有很深的道理。其實很簡單，那時正是喝茶的時間，現在正在做什麼，心就放在當下。一位弟子曾問自己的師父：「禪是什麼？什麼是禪？」禪師說：「吃飯、睡覺，處處是禪。」弟子又問：「奇怪，每個人都要睡覺、吃飯，那大家不就都在參禪了？」事實上，許多人吃飯時在胡思亂想，睡覺時在做夢，所以能夠睡覺時專心睡覺，吃飯時專注吃飯，就是禪的修行。

要把心放在現在，聽起來很容易，做起來卻很困難，我們可以用呼吸來試試看。首先體驗自己的呼吸，知道空氣從鼻孔出入的感覺，你的心不斷知道：「我活在現在的呼吸上，這就是我；我很清楚，我的呼吸就是我，我只知道我的呼吸；不想過去，不想未來，不想其他的事，只知道我的呼吸。」大家能不能一直用這個方法，持續十分至二十分鐘？多數人是沒有辦法的，可知把心放在現在並不容易，因此我們需要經常練習。

我們要有個觀念，就是自己的身和心無法完全掌控，所處的環境也同樣無法控制。中國有句諺語：「人生不如意事，十之八九。」不如意的事，十件當中就有八、九件之多，可見不如意的事經常發生，因此，遇上逆境或壞的運氣，不必去討厭。面對逆境、接受壞運，然後改善它、轉變它，能夠如此，心就不會恐懼、無奈了。

「心靈環保」就是使自己的心隨時都能安定，不受身心狀況影響而痛苦、煩惱，也不因環境好壞而波動。譬如害了病，就要接受生病的事實，看醫生之後，能痊癒當然歡喜，如果不能治好，煩惱也沒有用。觀察自己當下的心，知道它是不存在的，這個「我」實際上只是一個心的念頭。既然現在的心不存在，過去和未來同樣也都不存在，能如此理解，就是無我的智慧現前。

不論是臨濟宗、曹洞宗的修行方法，目的都是要達成無我。無我是放下自我中心的煩惱，將執著、恐懼、憂慮之心消融化解，這時智慧和慈悲的心也就出現。智慧和慈悲出現，心就會平穩、快樂、明朗，這就是修行的結果。

（二〇〇四年四月二十三日講於澳洲雪梨大學，姚世莊居士整理，刊於《法鼓》雜誌一七八—一七九期）

生活，就是修行——禪與日常生活

佛法的基本作用有兩層：一是在平常生活中，用佛法來幫助我們從煩惱中得解脫；另一個是在痛苦的生死流轉之中，用佛法來解脫生死。我們都想從煩惱、生死中解脫，然而禪宗六祖惠能卻在《壇經》中告訴我們：煩惱就是菩提，生死就是涅槃，意思就是說，不計較斷煩惱，就是智慧；不害怕生死，就能從生死得解脫。

如何從煩惱中得解脫？曾有位修行人就此問題，去請教一位禪師。禪師問他：「你要得解脫，請問是誰把你綁住了？」修行人一聽，馬上向內心觀照，知道是自己被自己的執著綁住，是自己在製造煩惱，因此當下開悟而得解脫。這種解脫稱之為「頓悟」，是禪宗的修行法門。

「頓悟」不需要做修行生活的練習，就能開悟。在釋迦牟尼佛的弟子之中，有的是已經修行了幾十年的外道師，再到佛的跟前向佛學習，然後才開悟；但也有很多阿羅漢弟子，以前並未修過禪定，只是一旦聽到佛法的開示，馬上就能斷煩惱而證得阿羅漢果。一聞法即開悟，即是「慧解脫」阿羅漢；至於「俱解脫」阿羅漢，則必須經過聽聞佛法、修行禪定等過程，才能證得阿羅漢果。

中國禪宗的悟道者當中，也有一聞法即開悟的，最著名的是六祖惠能，初聽《金剛經》中的「應無所住而生其心」就開悟。開悟之後的他，仍在五祖弘忍的寺院裡舂了八個月的米，一邊舂米，一邊鍊心。鍊心，不一定是打坐的時間愈久、腿練得愈好，就表示心也鍊得愈好；其實，修行不在於練不練腿，重要的在於聽了佛法之後，是否能除煩惱。

中國禪宗主張生活就是修行，砍柴、挑水、吃飯、睡覺、走路都是修行。中國古代有位宰相問一位禪師：「禪宗說『道』，就在日常生活中，我怎麼不知道呢？」此時禪師正與宰相吃著茶點，聽完問題後，禪師沒回應，還是繼續吃著。用完茶點後，宰相又再一次請教禪師，「很簡單啊！你已經在平常生活當中行『道』，卻不知那就是『道』啦！」禪師回答。

修行不在外在形式，而在於我們的心能否在平常生活中安定、明朗、踏實。

如果心不安定、不明朗、不踏實，就表示心很亂，在胡思亂想；心亂，情緒一定也跟著亂；一有情緒，心必定是浮動不安的，這種情形當然不是在修行。日常生活中的人、事、物，任何一樣都離不開禪的智慧和慈悲，然而因為眾生有煩惱、有無明，我執和分別心太重，因此無法覺察到自己是具有佛性的。

有位弟子問他的老師：「禪宗初祖菩提達摩從印度到中國，請問他帶了什麼東西到中國？」老師回答：「菩提達摩沒帶來任何東西。」弟子再問：「未帶什麼，那何必來呢？」

在中國禪宗的傳承上，至今尚有臨濟和曹洞兩個宗派，教人修行的方法各有不同。臨濟宗的方法是參話頭，曹洞宗則為修默照。

參話頭，即心裡平靜時自問：「未出娘胎前，我的本來面目是誰？」這一話頭不是用頭腦去思考，或者由「我」來回答，而是由話頭自己給答案。用頭腦思考，想出來的是煩惱、是分別心，而不是智慧。

但在心情混亂時，則先問：「是誰的心情在混亂？」心情混亂，內心一定不快樂，既然不快樂，為何這個「我」還要自願不快樂呢？這一問，混亂的心自然會平靜下來。當心平靜後再問：「我的本來面目是誰？」

話頭的目的，主要是將自我中心的執著，逼到死角去。唯有自我中心粉碎時，與解脫相應的無漏智慧才會現前。大乘佛法主張眾生平等，不僅眾生和眾生是平等的，眾生跟諸佛也是平等的。一切眾生皆有佛性，而佛性就是我們未出娘胎前的本來面目。

曹洞宗是修默照的方法，日本稱之為「只管打坐」。「只管打坐」就是腦中不要想到我、身體、環境、心的問題，只知道在打坐。所謂「照」，是清楚地知道在做什麼，「默」是心不受任何狀況的影響而起波動。

默照的修行法，先放鬆身心，然後放下身心。在任何時間都不著急、不緊張，便可不起種種的情緒波動，是謂「放鬆」；至於「放下」，則是連自以為是「我」的自我中心也要放下。什麼都放下時，就不會有「這是我」、「這是我的」種種執著心，這一樣也和無漏智慧產生相應。

平常生活裡，不論是一個人獨處，還是與人互動，我們的心常常散亂慣了，很容易受到各種狀況的影響；有的人觀念上很清楚自己不該起煩惱，然而心情一旦受影響，還是照樣起伏波動、無法控制，因此，我們還是要不斷地練習禪修方法，使心平靜下來。

想要讓心安定，不一定要藉由打坐，但是要持久地鍊心，打坐卻是最有幫助的。不經打坐就能在生活裡除煩惱，是有這個可能，然而，各位不要存有這種占便宜的心理。以我來說，二十八歲時，我已有很深的體驗，可是三十歲時，我仍閉關修行了六年，現在雖然老了，我還是經常打坐。禪的修行，目的是要讓我們在生活中能夠身心平安、少煩少惱，所以學到觀念、方法後，一定要經常練習，才能達此目的。一開始就想除煩惱，可能性並不大。

（二〇〇四年四月三十日講於瑞士伯恩施瓦特媒體中心，姚世莊居士整理，刊於《法鼓》雜誌一七五—一七六期）

企業與禪修

自一九九三年開始，為了使企業界人士能分享禪的功能及利益，幫助他們用禪的精神和觀念來經營企業，當年，在高雄有部分企業界及大眾傳播界出面邀請我主持了一場企業界人士的座談會。此後也陸續在臺南、臺中、桃園、宜蘭等各地區，分別主持類似的多場座談會，參加人員都是中小企業及大企業管理層次的負責人和經理人，他們都能從我的指導中紓解困擾已久的問題。

以禪的立場看成敗得失

通常企業是以自利為目標，以企業的成長發展為成就或成果，但是站在禪的立場，可分兩種層次來看成敗得失。第一是以整體的成功為成功，以大環境之失敗為失敗。第二是根本沒有成功及失敗的事，也就是說超越於成功和失敗的觀念，做可以做、該做的事，婉拒不可以做、不該做的事。

所謂「謀事在人，成事在天」，天是何義？是大環境的因素。如果世界的經濟環境不景氣，企業能一枝獨秀的情況是不多的，如果世界的經濟環境非常蓬勃發達，則經營任何企業都能得心應手。當然尚須以經營者的智慧來加以判斷，以及他們實力的投注，包括財力、人力、心力，否則的話，只要缺少、或有數種因素的變化，就會轉成功為失敗，反之，若有許多的因素湊合起來協助你，你就是成功者。以此種心態經營事業，就可對個人暫時的得失成敗看淡、心量放大、眼光能放遠，許多的心結也可以打開，在這種情形之下經營企業必將順利。

放鬆身心，提起事業

我指導企業人士禪修時，只給予一個原則，那就是放鬆身心，提起事業，然後放下自我。每天若能在緊張忙碌之下，隨時將頭腦、肌肉、神經放鬆，便可獲得體力的補充，乃至疲累之解除。經常保持心情的愉悅，不為任何突發事件及不如意事，而產生情緒的波動，這對企業人士在做決策及趕工作方面有很大的助益。因此，我給社會菁英禪修營及企業人士的觀念是：把握現在，步步為營；步驟是：肯定自我，成長自我，消融自我。

最近有人問我：「臺灣的企業環境愈來愈惡劣，而政治的氣候也不是非常地穩定，所以都想把他們的事業外移，而帶動一股移民的潮流，對此種現象，有什麼看法？」其實不必大驚小怪，我們中華民國的臺灣，自從一九四九年以來，都是在不安定、沒有安全，好像是朝不保夕的情況下走過來。過去已有數次移民潮的出現，有一些是因為恐懼，有些是為了求更大的發展，但是一批批地出去，也有一批批人回流，現在這批人向外移民，誰說他們不會在數年後回臺灣呢？就我所知，多數企業人士移民，僅將孩子送至國外念書，而他們自己的事業尚留在臺灣，他們的第二代自然而然成為我們國民外交的有利分子，對我們臺灣是有益的。

禪者以自利利人為考量

至於企業人士所熱衷如何用禪修的觀念及方法，來面對其客戶及員工等問題，以禪修者的立場來看，客戶及員工都是事業上的夥伴，彼此之間的關係是互助互援，共同成長。而同行也不是怨家，只不過是有一個強烈的對手，彼此競爭而已，那是一個非常好的磨鍊，能使自己力爭上游、精益求精，發揮自己更多的才能。因為禪者本身不以個人一時間的利害得失做為個人成敗的標準，而是以自利利人的正負面影響來做考量。我常說業主及員工都是吃同一鍋飯，不過有的是吃鍋面的飯，有的是吃鍋底下的飯。業主需要員工，而員工也需要業主，彼此之間不是誰在剝削誰，而是互依共存，彼此需要，如果業主沒有員工，就不成為企業；員工沒有企業家的經營，也就沒有工作可做。所以企業人士應對員工做全面的關懷，把員工當作自己的朋友、家人，而不是當作賺錢的工具，並且要以誠懇、尊重的心來對待員工。相對地，多數的員工也會因此而感念企業家寬宏大量的照顧和關懷之心，他們也會將企業家的事業，當成自己的家來經營。

今年（一九九五年）是法鼓山的「人品提昇年」，我們以「四安運動」來達成人品提昇的目的。所謂四安，就是安心、安身、安家、安業。

一般人認為安全的保障是依賴外界的人力、物力及環境來加以保護，但是從禪者的角度來看，要求安全不在心外，心若安，則身也能安；身能安，則身心就健康；身心健康能促進家庭平安，能使夫妻親子、兄弟姊妹之間更和樂融洽；個人身心安定；家庭平和，則對個人的職業及青少年的學業，也能從平安中順利地成長，達成身心安定，家庭安全，乃至達到敬業樂群的目的。

（刊於《人生》雜誌一四二期）

禪語釋疑

日日是好日

這句話是雲門祖師說的。有人問：「十五以前如何？」祖師回說不知道。再問：「十五以後怎麼樣？」祖師答道：「日日是好日。」

好日的意思從表面看是晴空萬里，但從心境上看，又是如何呢？在自然界，要它天天晴空萬里並不可能，只有在大氣層之外才日日是好日。在一般人的心理上，一定時時刮風下雨，起伏不定。有修養的人會比較平靜，但要完全沒有風浪烏雲，大概不容易，至少有一點白色的浮雲。這也就是說，普通人的心境很少是完全清明朗淨的，總會患得患失。要像雲門祖師所說的「日日是好日」，必須在大徹大悟之後；任何環境的變化對他不起影響，也沒有主觀的好壞之別。好壞是由於立場以及環境、時代、知識的不同而有不同的判斷。如果人沒有自我中心，沒有利害得失之心，不被榮辱動心，這才叫好日。

因此，這句話看起來很簡單，很多人很喜歡，但要達此境界相當不容易，必須有足夠的修行工夫，把一切煩惱完全拋開才能做到。一般人只要暫時拋開煩惱就覺得很輕鬆，可是一旦遇到重大的感情衝突或利害衝突，就無法不動心、不起浪。因此，對「日日是好日」只能心嚮往之，唯有工夫好的禪師才可體會並達此境界。

（刊於《人生》雜誌六十六期，聖嚴法師釋答，葉漜居士筆錄）

掬水月在手，弄花香滿衣

從字面看，這兩句話的意思是：從河裡掬起一捧水，河中的月亮就跑到手中來；一碰觸到花，花的香氣就襲上衣裳。這是前後呼應的兩句話。我們在日常生活中，只要沾上任何東西，就跟它分不開，比如見到一隻鳥，鳥雖然仍是鳥，牠卻已經屬於你了。一般人在觀念上有兩種錯覺，一種是：我是我，世界是世界，世界與我不發生關係。這種錯覺會使我們孤立，產生孤獨感，與世界格格不入，憤世嫉俗。另一種是：世界雖與我不發生關係，但把世界當成我所有，這就是自我中心，本不屬於自己的，也要竭力爭取，結果為自己也為別人造成很多困擾。

我們如果把這兩句話用在生活上，就有不一樣的解釋。自我是不存在的，我們跟環境接觸時，就跟環境合而為一，其他人也可以做同樣的事。我捧我的水，跟月亮合而為一，別人也可以捧他的水，享受同一個月亮；我的月亮在我的手裡，他的月亮在他的手裡。到花園行走時，花香也與我、與他人合而為一。

就禪宗而言，這兩句話所代表的境界並不很高，只達到內外統一。人有自我中心才會有情緒變化，然而，當個人和環境統一時，則不易產生喜怒哀樂的變化。這有如儒家所說的「民胞物與」，一切事物的存在與發生都是我自己，不要把自己跟環境對立起來。如果能跟環境統一，即使遇到不幸的事，也不會太難過；遇到突發的喜事也不會太高興。因為這些事原來就跟我並存，我只是照樣生活罷了。

（刊於《人生》雜誌七十一期）

溪聲便是廣長舌，山色豈非清淨身

這是宋朝蘇東坡的詩句，蘇軾雖是文學家，但對禪也有所體驗，至少在文字上表現得很好。這兩句詩是說自然界的任何東西、任何景象，都跟佛說法一樣，而且也跟佛的法身，也就是我們的自性一樣。成佛就是心清淨，跟外在一切環境是相連的。不是自己的心清淨而眾生的心不清淨，也不是個人成了佛，看眾生都是罪惡的、可惡的。禪師所見，不論是任何地方、任何現象，都是佛國淨土中所表現的景象。

溪流所發出的水聲等於是佛在說法，廣長舌的意思是廣大而深遠。佛在某地說法，能使很遠地方的許多人聽到，不同語言的人也都能聽懂。這二句詩所傳達的訊息是，世上任何現象，都是佛在教化眾生、度眾生，教世人如何修行，並且說明佛國是如何地清淨莊嚴而慈悲，不一定要見到釋迦牟尼佛或聽任何法師說法才是佛法。然而，見到任何東西都能體會是佛法的表現，這只有禪師才能做到。

以上所敘述的是有聲說法，至於無聲說法是無需張嘴說話，也不需要聽到聲音，就已經有所說法，這是最高的佛法。因此「溪聲便是廣長舌」還不如《維摩詰經》中所言的無聲說法；後者在層次上的表現是無限的、統一的、寧靜的，是和外界完全一樣、完全平等的。

這兩句詩，是從最平常、最易感受的聲色之中來體驗禪師所感受到的世間，普通人只能把它當成詩情畫意來看，不容易視為佛法。但若深一層地想像推敲，聽到水流的聲音，可以聯想到是佛在說法，看到山色，可以聯想是佛的法身。推而廣之，萬物都是佛，不只歷史上的佛，也不是有形相的佛，而是內心經驗中的佛，是沒有自我中心、清淨無限、智慧無限、慈悲無限的佛；佛活在他們的心中，也遍布於任何地方。只要體驗、感受那是佛，佛就在那裡。一般人說佛在西天，但在禪師看來，佛就在我們眼前，所見所聞都是佛。既然都是佛，就不必說這個我喜歡，那個我不喜歡；這個東西好可愛，那件事情好可怕。這些差別其實都不存在。

（刊於《人生》雜誌七十二期，聖嚴法師釋答，葉澐居士筆錄）

千江有水千江月，萬里無雲萬里天

這兩句話字面上的意思是，任何有水的地方都可以看到月亮；天上沒有一絲雲，藍空無限地遼闊。若從禪的立場來看，前一句意謂著什麼都是現成的，只要我們有心去看，它就在那裡；有心要找的東西，一定找得到。心的本身就是水，只要有心，就有你所要見的東西。我們心中如果事先存有想要找的東西，這個東西可能就找不到，好比「踏破鐵鞋無覓處」。然而，如果內心恰如江面的水，沒有主觀色彩，只要月亮當空，江面自然可映現月亮。因此，心中只要沒有主觀色彩，任何東西都可不費工夫得來。後一句的「萬里無雲」表示內心沒有煩惱，沒有喜歡或不喜歡的人或物，一片坦蕩蕩，無際無涯。即使站在一個很小的立足點，但是因為心中沒有東西，所以能包容一切東西，內心天地廣大如宇宙。

這兩句話其實是前後呼應的。第一句表示，假如有心，此心不一定要指向一個目標，處處都可以是目標，樣樣都是所需要的東西，得心應手，左右逢源。第二句表示，即使生活圈子再小，人事再複雜，我們都能包容，小圈子變成無限大，對複雜的人事也會感覺那是特別為我準備的好環境。也就是說，自己心中不要有主觀和成見，世界自然太平，自然可愛。我們在日常生活中，常會感覺自己走入絕路，這兩句話告訴我們，大江小江的月亮都是同一個。我們遇到或好或壞的人事，其實是透過不同的環境而有不同的感受，不必大驚小怪或垂頭喪氣；只需把它當作自然的發生，考慮如何接受、如何處理，也就可以了。

（刊於《人生》雜誌七十七期，聖嚴法師口述，葉翠蘋居士筆錄）

貪觀天上月，失卻掌中珠

天上的月可望而不可及，已經握在掌中的明珠則是事實。現實生活中充滿了這種現象：自己往往好高騖遠，希望得到不可能得到的東西，而存在於眼前的東西卻忽略不要了。

這兩句話的涵義很深。掌中的珠是自己內心的佛，我們本身就是佛，而天上的月是我們心外的佛。透過佛經我們知道有許多佛在十方說法度眾生，我們通常一味期待他方世界的佛來幫我們、度我們，但是與其臨淵羨魚，不如退而結網。我們自己就有成佛的條件，要用腳踏實地的修行做代價，開發自性中的佛，這就是掌中的珠。很多人忘記手中有珠，只望著天上的月亮，想摘它，結果把手中的珠丟掉了。我們如果空有理想和目標，而不腳踏實地從現在就努力做起，手中的珠遲早會遺失。

這兩句話非常積極，但層次不高，是針對剛學佛的人來說的，告訴他們自身就有清淨的佛心和法身，要靠自己的修行來開發。如果應用於日常生活，這兩句話可以說明「身在福中不知福」。有些人老是嫌自己的太太或丈夫不好，別人的太太很賢慧，別人的丈夫很能幹，結果造成家庭問題。有人在事業上高估了自己的才能和天資，或者弄不清自己的性向，做了不適合自己做的事，結果一事無成。人應該了解自己的能力，這就是自己的本錢，是手中的珍珠。

（刊於《人生》雜誌七十七期，聖嚴法師口述，葉翠蘋居士筆錄）

青山本不老，為雪白頭
綠水原無憂，因風皺面

有人認為這兩句話點出了人生的無奈，我的看法正好相反。如果從被動的角度看，山自己不動，雪撒在上面，它就老了；水本來無事，風一吹，把它吹皺了；看來真是無奈，這是一種悲觀消極的態度。我的解釋則是如此：青山是非常

自在的，青山永遠是青山，下不下雪與它無關；下了雪別人看它白了頭，它卻未失去自己；雪融化之後，別人說山又恢復青色了，其實山色並非回青，它本來就是青的，是雪禁不起考驗，遇熱融化了。綠水本身不動，是風在動，風才是無奈的，無聊時吹皺了水，累了只好停；不是水恢復了平靜，水本來就是平靜的，風才是無能，它沒有辦法使水永遠起皺。

以上所說都是暫時的現象，不是永恆的存在。從禪的立場看，自己的本性是永遠不變的，是受到客觀環境的影響而亂了，本性還是跟佛一樣，只要把煩惱去掉即可。因此，煩惱本不存在，乃因客觀環境而起。我們在日常生活中所遇到的任何苦樂，都是變化不已的，和自己的本來面目沒有關係。我們常說金錢是身外之物，其實任何功過也都是環境的影響，是環境在動，不是本性在動。世間沒有壞人也沒有好人，人都是平等的，只因環境的作用使某些人做了妨礙他人的事，因此成為所謂的惡人，環境使某些人做了對他人有益的事就成為好人。若從本質上看，不論好人壞人都是一樣的，只有好事與壞事之別。因此，若要使世界和平，欣欣向榮，必須從教育、哲學、宗教等著手，產生好的力量；如果想立竿見影，則要從政治著手，使更多人做更多的好事。

雲在青天水在瓶

（刊於《人生》雜誌八十期，聖嚴法師口述，葉翠蘋居士筆錄）

很多人認為禪很奧妙，但這句禪語很平常，不要把它看得很玄。

雲在天上，不跟人在一起：雲變成雨，下到地面，才能裝入瓶裡，但是水和雲本質上是同一種東西。我們常鑽牛角尖，好高騖遠，設立一個不切實際的理想和目標。為什麼不去欣賞自己的生活環境、工作崗位以及周圍的人？不論他們是天上的雲還是瓶裡的水，兩者都是真實的，是同一種東西。

可是不要弄混了：在天上的是雲不是水，在地下的是水不是雲，地位不同。人在不得志的時候，常被人看不起，成功之後，很多人就來追隨奉承，我們把這叫作世態炎涼，覺得人情太薄了。其實不必這麼想！自己有辦法時，當然讓人來求，沒辦法時當然求人，何必顛倒事實？有些人成功了，還有人譏評他的出身，但他現在畢竟出頭了，要看當前的事實，不必論過去。

對所接觸的人或事，不要忿忿不平。雲是在天上的，水是在瓶裡的；叫化子是在馬路上要錢的，有錢人是坐在豪華沙發上的。有錢人不要看不起叫化子，叫化子也不要自卑，這是各人目前的位置和立場。有人對我說：「聖嚴法師，你如果不努力，我就看不起你。」我說：「感謝，感謝。」又說：「你努力有成之後，我就重用你。」我說：「謝謝，謝謝。」如果我不努力，是該被別人看不起，如果我努力，也會有人加以鼓勵；這是很平常的事。

（刊於《人生》雜誌八十三期）

附錄

禪的現實主義——專訪聖嚴師父

問：面對近千位禪眾不同的背景和信仰，請問師父是如何帶領的？

答：像這樣大型的禪修營，我們事先已可預知禪眾是來自許多不同宗教背景。而我們的目的是給予禪修的觀念和方法，並不是要他們改變信仰。

我開示的重點，考量了共同性，是大家都可以用得上的。我本身就是個宗教師，如果說開示內容完全沒有宗教性，那是不可能的。但是，我們盡量減少宗教的儀式及信仰的部分，而著重於鍊心，包括觀念的建議、方法的練習。甚至我對他們講，我的話他們不一定要聽，他們覺得好的就接受，不好的就不一定要接受。總而言之，我帶領的方式，無非希望能夠讓他們少一些自我中心，多一些替他人著想；少一些煩惱，多一些智慧。

問：二十一世紀是一個強調速度感的資訊時代，各種資訊與價值充斥在人們生活之中。在這樣的時代裡，禪的修行凸顯哪些特別的意義？

答：進入一個新時代的環境之中，因為環境變化太快，資訊太多，每一個人都容易有失落感，失落在時空之中，不知道自己的定位是什麼，因此引起人心的不安，社會也就變得複雜。但是禪的精神則永遠都是一致的，就是重視當下，包括當下所處的環境和正在努力的工作，同時也需要具有前瞻和回顧。

有了前瞻和回顧，可以使現在走得更平穩，但是重心還是要放在當下。站穩現在，走出第二步，這就是禪的精神。

禪，是真正的現實主義。以智慧心讓自己活得快樂一些，用慈悲心讓他人活得幸福一些，這也就是人的價值。太虛大師有一篇關於「真現實論」的文章，所指的現實不是指勢利，而是務實、踏實，與把握當下的意思。

把握當下，有機會時不要失去，沒有機會要去營造。但是一切都是因緣所生，如果營造不起來，則不需要太強求。

同時，也不需要太在乎成功或失敗。成功和失敗，也只是過程，走到下一步的時候，可能更成功，也可能會開始走下坡，擔心也沒有用。腳踏實地、實實在在地站穩現在，把任何一個過程都很踏實地走過去。這就是禪。

（對二〇〇二年一月至二月期間主持之「教師禪修營」、「大專禪七」、「大專禪修營」等三場千人禪修活動所做訪談，刊於《法鼓》雜誌一四七期）

專訪聖嚴法師談禪四十九——中國禪宗史上的新紀元

問：這次的禪四十九，在目前的中國禪宗傳承中，是一個相當特殊的狀況，能否請法師談談這個部分？

答：四十九天禪跟一般禪七不一樣，無論是引導的心態、方式，連進度的安排也不一樣。而這次的禪修，原則上用的是默照禪，這種方式不但國內沒有舉辦過，甚至可以說，在宏智正覺禪師之後，還沒有人舉辦過這樣的禪修活動，日本曹洞宗是否打過四十九天禪我不確定，但在中國禪宗史上，這是個新的開始。

四十九天當中前四十二天是在打禪七，最後一個星期則是受菩薩戒。菩薩戒期內，除了菩薩戒演禮、講戒外，也有打坐，因為是從禪七延續下來的，所以連菩薩戒的過程，也頗為特別。

次第嚴密的開示

問：在這麼長時間的禪修當中，法師開示的內容是不是也經過特別的安排，主要的主題是什麼？開示的安排會考量到哪些因素？

答：這四十九天禪七中的開示，主要是視參加者的狀況、程度及需求而規畫。這當中我的開示分為兩部分，首先是長蘆宗賾的〈坐禪儀〉，那是所有禪修者所應具備的共同基礎，包括怎樣開始準備坐禪，打坐的姿勢、條件、心態、原則。

其次，則為宏智正覺禪師有關默照禪的文獻，一個是〈坐禪箴〉，內容包括什麼是默？什麼是照？什麼是默照同時？從修行的歷程到徹悟後的境界，都有很清楚的說明，〈坐禪箴〉很短，內容卻相當紮實。另一個是宏智正覺禪師的〈默照銘〉，詳細地講默照的方法、觀念、功能，還有默照的結果，不斷加強大家對默照禪的認識及練習。

過去我曾經講過〈默照銘〉、〈坐禪箴〉很多次，但這次講得最長最久，所以很多人感覺這次講得最好。

過去的人談禪就只是單純講禪的方法，但我這次是以佛法的理論，將基礎佛法、大乘佛法以及禪的佛法貫穿起來，配合著默照，談什麼是見性、什麼是成佛。

另外我這次也使用了很多梵文，這在過去我所主持的禪七是從來沒有過的。用梵文可以更精確地表達，畢竟用中文或英文講出來的，已經與原來的意思有些不同。尤其我用中文講述，翻譯成英文後，已經是轉了兩層，難免和原意有些差距。所以我才會在某些關鍵的語詞上引用梵文，然後再加以解釋，這是這次禪四十九當中非常特殊的狀況。

總括而言，這次開示的內容，無論是觀念或方法，都比較新，不過雖然每天講的是不同的內容，但幾個原則是一定要注意的，首先就是不能離開本次禪修所設定的主題，也就是默照禪；其次，不能離開禪眾們打坐的狀況，包括他們的心態以及心理、生理的狀況。此外，由於時間長，所講的內容勢必較以往的更深，但最後一定要歸結到基礎點，讓大家都能反覆理解深淺不同的次第。

關於見性成佛與悟境

問：一般禪眾參加禪修活動最關心的，大概不外是否能見性成佛，或者自己所體驗的是不是開悟的經驗，這部分法師有沒有特別的指導？

答：在這四十九天當中，我也提示了兩個重要的觀念與方法，一個是「只有方法，沒有妄念；不管妄念，回到方法」，另一個是「智慧不是觀念，智慧不是知識，智慧不是經驗，智慧是無我的態度」。凡是有我執，都不是智慧。我執是什麼？我執就是煩惱。放下我執，即是見性，見的是空性，是佛性。

很多人認為佛性是一個實質的東西，那是錯誤的。或是認為佛性就是跟宇宙合而為一的心，其實那是梵我的思想，是統一心，而不是佛性；能夠體驗到平等，體驗到自己與宇宙萬物合而為一，萬物與自己同生，這只是統一心。因此把佛性變成泛神的平等性，是錯誤的。要達到這種層次不一定要透過佛法或禪法的修習，一般人只要專注、用心，都可以體驗到。

此外，我也針對一般人容易誤解的「悟境」做了說明。一般而言，所謂的悟境有五個層次：第一是輕安境，第二是光音境，第三是空寂境，第四是聰明境，第五是神通境，而這全部都不是開悟，要到進入解脫境，才是真的開悟，在這之前的任何一種境界，都不是開悟。

一般人見到統一心或輕安境出現，就以為是開悟，如果有神通，那更是自以為不得了。至於聰明境，也有人以為是開悟，以我自己為例，小時候師父教我拜觀音菩薩，拜了以後，我突然得到一種感應，發現自己變聰明了，背起課誦內容變得容易，記憶力也變好，這就是聰明境，而不是開悟。

所謂的解脫是指從自我執著中解脫，解脫境是見空性、佛性，經典中稱之為「得法眼淨」，也就是說，自我中心突然間脫落，從此以後，雖然煩惱還是有，還沒有得到究竟的解脫，雖然還是凡夫，但已經可以體驗到見性與解脫的滋味。

嚴格挑選出來的禪眾

問：我們知道這一次參加的禪眾是經過嚴格挑選出來的，是不是請法師談談這次參加的禪眾禪修的狀況如何？

答：這次的禪四十九對禪眾要求較嚴格，從整體比例來看，百分之七十以上都很穩定，不但可以坐得很久，聽開示也非常認真；他們在經過指導後，比較容易有深刻的體驗。但他們也不會執著這些經驗。

我在這四十九天之中，並沒有證明誰開悟了；事實上，其中一些有統一心經驗的人，也不需要師父的認可，因為他們認為來日方長，能夠接受師父的教法才是最重要的，能有這種想法是很難得的。

當然，也有一些人急著要師父認證他們開悟，結果因為有這樣的念頭，反而心浮氣躁而無法坐得安定，這也是四十九天中較為特殊的現象。

問：這次的禪眾當中，有很高比例的西方人，這對法師指導禪修及開示，會不會有語言上的限制或障礙？如果有，又是如何克服的？

答：由於參加的禪眾有很高的比例是外國人，所以這次的禪修是透過翻譯來進行的。其實二十年前我剛開始在西方指導禪修時，小參就是直接用英語來進行的，不過開示的部分還是要透過翻譯。因為用英語還要思考用什麼字，還會想到文法正不正確的問題，而中文只要直接講述內容就可以了，因此從一九七六年開始到現在，陸續由弟子們為我翻譯。

擔任我的翻譯時間最久的是王明怡，其次是保羅・甘迺迪（Paul Kennedy），另外還有凱倫・蘭（Karen Zinn）、李佩光、丹・史蒂文生等人。這次則由來自加拿大的呂一美和李世娟來為我翻譯。

過去幾年來，我也經常到西方國家指導禪修，語言對我和來參加的禪眾而言，都不會造成問題。在歐洲，除了英國之外，德國、俄國、波蘭、克羅埃西亞等地，都要透過三種語言翻譯。我講完之後，會先注意負責英文翻譯的人有沒有正確掌握意義，如果沒錯，再翻譯成當地的語言。

由於替我翻譯的都是我的弟子，原本就常看我的書，對我的禪法也相當熟悉，所以基本上不會有什麼困難。例如負責德文翻譯的弟子，已經親近我很多年；克羅埃西亞及波蘭籍弟子也是，雖然是歐洲人，但因為跟我修行很久了，也曾經把我的書譯成當地語言，所以對我指導的禪法以及用語都已經很熟悉。

多年指導禪修的心情

問：法師指導禪修已經有二十多年的經驗，能否談談這些年的心得與想法？

答：從一九七七年開始，我開始主持禪七至今已經二十三年了。當時我年輕，體力也好，幾乎二十四小時都在禪堂專注照顧，禪眾還沒進禪堂我已經進禪堂，他們離開禪堂時我還沒有離開。早期參加的禪眾大多是哥倫比亞大學的學生，人數不多，大概只有六、七人左右，那些人都很年輕，素質不錯，也很精進。所以在第一次美國的禪七中，他們之中好幾個人就有相當深刻的體驗。

如今二十三年過去了，我已經是一個七十多歲的老人了，再也沒有體力整天坐在禪堂全神貫注。所以，我們也用錄音帶、錄影帶來輔助，可能大家感覺會不太一樣，但為了推廣，還是需要藉助這些工具。我也希望大家要好好修行、好好努力，共同來推動禪法，否則光靠我一個人是不夠的。

法師的西方弟子

問：法師這些年來指導過的弟子當中，除了中國人，也有很多西方人，是不是請法師談談對西方弟子的看法，以及修行上的建議與指導？

答：這麼多年下來，我對東西方弟子確實有一些感想。西方人一開始接觸時，可能會有想要早點得到成就的心態，但修行了二、三十年之後，這種心態就沒有了，他們覺得能打一次禪七，就有一次禪七的收穫，對自己的身心、人格的健全都有幫助。

此外，西方弟子很重視傳承，對於師父的認可非常重視，如果沒有得到師父的認可，他們會認為那是沒有根的。一位西方人會脫離原先的修行系統，通常不是去自立門戶，而是去修其他法門，西方人不會在沒有得到傳承的情況下，就出來獨立。

西方人也認定佛教是由東方傳去的，因此很重視源頭，如果是自己發展出來的，就不是佛教、不是禪，沒有源頭就是所謂的新興宗教。西方當然也有新興宗教，但他們開創了新教派之後，不會把自己歸到傳統宗教中。

因此對於真正想要學法修行的人，我認為最好要能得到傳承，前提當然是要花時間老實修行，畢竟修行不是一下子就能成就的。不過雖然修行是自己的事，見性也是自己的事，但如果沒有老師的認可、證明，就說自己已經見性、成佛，那是有問題的。就如同受戒，也是要有戒師證明一樣。

（刊於《人生》雜誌二〇五期）

因緣是否就是業力？

美國華盛頓「宗教新聞社」（Religion News Service）針對新近出版的聖嚴法師英文傳記 *Footprints in the Snow* 一書邀約聖嚴法師專訪，後以法師人在臺灣，且訪談需經翻譯，故改由新聞社提出訪題，交法師的英文翻譯李世娟女士越洋視訊訪問法師，再提供英文書面回答，供該社新書推薦參考。

問：您在書中提到：禪的修行與信仰是可以分開的，請加以說明。

聖嚴法師（以下簡稱「師」）：禪修，主要是把心安住在某一種方法之上，這個方法不一定是祈禱，不一定來自信仰的信心。

比如中國禪宗的臨濟宗，以參話頭為方法，參「我是誰？」、「本來面目是誰？」這跟信心或者宗教沒有一定關係；此外，曹洞宗的默照禪也主張把心安定在一種方法上，這個方法是沒有方法的方法，也就是把自己的心，安住在一個念頭上或者一個境界之上，比如安住於空、安住於實相、安住於現在當下的一個念頭。這些都是禪修用的方法，並非一般宗教的祈禱。

一般宗教的祈禱，則需要有一個對象。比如西方的基督教，以神為祈禱的對象，也以神為祈禱的回應者，如果沒有祈禱的對象及回應者，恐怕使不上力。中國禪宗用的話頭和默照這種方法，則只有方法的使用，沒有一定信仰的對象。至於使用的方法算不算對象？不算，而是用了方法以後，你的心自然而然安定下來，而使煩惱漸漸化解，智慧漸漸生起，這是禪修方法的功能，與信仰沒有一定的關係。

問：您的一生歷經重重險阻艱難，您如何找到支撐下去的力量？

師：我並沒有找到什麼力量來支持我克服困難，而是當我遇到困難，我相信我會克服這些困難，繼續往前走。繼續往前走的時候，我也並不認為心外另有一個神，而是相信我自己修行的方法，可以幫助我走出這些困難。

為什麼？因為困難本身是不存在的，困難的存在，主要在於人的心理作用。一個人如果沒有信心，膽怯、害怕，沒有信心往前走，才是真正的困難。做任何一樣事、走任何一條路，只要我們自己有信心，自信心就能夠幫助我們度過一切困難。比如走一條橋，這條橋很危險，如果一開始你就認定大概過不了吧，結果一定是過不了。而如果你知道橋很危險，但你還是有信心，靠著你的方法、信心和知能，雖然危險，還是試著走過去，那麼一定可以度過難關。只要用心、有毅力，沒有任何的困難是無法克服的。所謂用心是我知道應該如何做法，毅力則是一次又一次嘗試，克服困難往前走，不用擔心，也不必害怕，更不要讓自己的心阻礙了自己。

所以，我在山裡閉關也好，在森林也好，在任何一個時間地點，即使我獨自一人，我也不覺得孤單，而感到佛菩薩和眾生是跟我在一起的。比如我在閉關時，曾遇到一些古怪的事，但我相信那只是一種幻覺，並不是真有什麼魔境、麻煩的狀況出現，而就是自己心裡的幻境。這麼一想以後，幻境與魔境就會馬上消失。當幻境、魔境消失以後，就會發現所有的一切都是平常、自然的景況，並沒有說在自然現象之外，還有些什麼古怪的東西。如果這層心理障礙去除了，也就沒有什麼好擔心了。

問：佛教講的「因緣」，是否就是業力？或者運氣、巧合呢？

師：因緣，不一定是巧合，也不一定是業力，而是有了基礎，再加上機會的把握。

所謂基礎，是基礎的學習、基礎的訓練、基礎的認識和基礎的知識，機會則指外在的一種動能或者力量。本來我們沒有經歷過的、未曾聽聞的事，因為我們有某一種「基礎」，便對某一種學問、某一類狀況，產生比較特別的反應。因此同樣的一樁事、同樣的一種狀況，其他人遇上了不一定產生功能，而在我們接觸以後，就可能產生一些功能。

因此，講因緣要有兩個要素：一個是基礎，一個是機會。自己有了基礎，等到機會來的時候努力去促成；或者本來要產生的事，經過我們的努力，讓它消失而不發生，就叫作緣起緣滅。這便是為什麼在這個地球上，有的事在你身上可以發生，在我身上大概不發生；有的事在我身上發生，而在你身上、在你眼前、在你的經驗中可能不發生。原因是每個人各有因緣，便有不同的結果。

至於業力，有的人把它當成是一種迷信、一種奇怪的思想，實際上，業力是我們從前做過的事、想過的念頭、說過的話而構成一種力量，由於這股力量，有的人會產生結果，有的人不會產生結果。

有的人過去講過的話、做過的事，並沒有產生什麼結果，但是有的人，說過的話或者做過的事則有結果。為什麼？凡是產生結果的，就是業的力量比較強，並且自己非常重視它，又加強它，使業力愈增愈強，就可能促成一些現象或者一些事情發生。如果業力能量比較弱的，就算講了、做了，可是並沒有在乎它，也沒有繼續去發動它、加強它，那麼這股力量慢慢就不見了。所以，有的人業力現前，有的人業力不現前。

問：不打坐，有沒有可能開悟？

師：不打坐，也有可能開悟的。中國禪宗史上，有打坐幾十年而不開悟的記錄，也有不打坐，就因為聽到幾句禪語便開悟的例子。這是因人而異。

不打坐而開悟的人，他們平常的心思非常明淨，心思很安定，並不雜亂，因此只要聽到一句話，或者看到一個現象，就可能心光一閃，智慧出現。心光一閃，煩惱消失，而智慧現前，就是開悟。

有的人打坐了幾十年，在幾十年間偶爾一次，或者在某一個時間，心裡的煩惱突然間頓斷，本來很混亂的心一下子變得明淨，當明淨心出現，而煩惱心消失，此時悟境就會出現。至於悟境出現之前與之後，有什麼不同？有很大的不同。沒有出現悟境之前，頭腦裡所反應的都是世間俗事，都是雜亂心想到的事；

悟境出現以後，煩惱心斷了，這時的心境沒有煩惱，只有非常明朗的智慧，便是「明心見性」，就像夜空突然間亮了，只有月亮和星星，沒有遮雲。沒有煩惱而只有明朗的智慧，便是開悟。

所以開悟這件事，有的人需要打坐，有的人不需要打坐。至於不打坐而開悟的例子雖然有，但是不多。比如中國禪宗史上曹洞宗的曹山本寂禪師，他就是沒有打坐的，另外六祖惠能他也沒有打坐，他原來是一個砍柴的樵夫，因為聽到《金剛經》句偈而當下開悟。許多的人都希望不打坐就能開悟，也有些人真的不需要打坐就開悟了，這是可遇不可求的事。

問：在美國有很多日本禪師認為「只管打坐就好」，理論並不重要。您認為呢？

師：對一個修行人來講，只要好好用功，懂得多少佛學並不緊要的這種說法，我並不反對，中國的禪師也都是這麼主張的。為什麼？因為只管修行，一味地修行，能使得我們的雜念愈來愈少，而頭腦愈來愈清淨。

佛學的理論，則是用頭腦去思考、思辨或者分析所成的學問，但是無法真正見到智慧，只能夠分析判斷問題，不能夠直接開悟見性。因此，主張修行而不重理論的說法是很正常的。我在日本留學時期，有一個教授在我完成博士學位之時，他講：「你這是用頭腦得到的學問，不是真正的智慧。真正的智慧無法從研究而得，而要直接去問話頭，用方法；從話頭得的答案是智慧，從書本得的答案是煩惱。」他的講法我能夠接受，我也主張佛學與修行是兩回事，前者是用頭腦思索，建立學問；後者是把頭腦放空，把頭腦裡邊的一切雜念粉碎、不讓雜念起伏，才可能見到智慧。

但是，如果是為了佛法的傳播，或者把禪法介紹、推廣給人，理論還是需要的。不懂禪的理論，很可能引來禪師無知的批評；如果專講禪學，而缺乏實際禪的修行、禪的體驗，離真正的禪還是很遠，根本看不到底，也看不到邊。用學問知識來探究禪，並不是真正的禪，反而成為一種障礙。但是，如果要把禪法傳播出去，乃至傳給後世，還是需要文字的傳播。

因此，在中國佛教史上，禪宗雖然主張不立文字，但是禪宗留下的文字，卻比其他宗派都多，便是為了說明什麼是禪？因為不用文字，而要說明。其實不用文字，根本不必說明，如何不必說明呢？那就是用方法去參。因此，禪宗一次一次地介紹，一次一次地說明不要通過文字，直接就去參話頭，直接就用默照禪。

如此苦口婆心地講不要用文字，即是「心行處滅，言語道斷」，如果還要用文字解釋、用心思去商量，那麼距離禪法是很遠的，不可能接收到禪悟的心。也因此，不論是日本禪或是中國禪宗，都主張不借文字。「心行處滅，言語道斷」，全副身心來參無字公案，才是最可靠的。

問：您在書中提到，禪可為西方人士帶來好處，怎麼說呢？

師：如果西方人沒有接受禪的觀念和方法是一種損失，這就像是一種生活的技巧、一種生活的本領，我們學了以後對自己是一種方便和利益，如果不去學，會是我們的損失。

中國的禪宗祖師都講，禪本身並沒有什麼，它是每個人都具有的。在西方社會的每一個人，也是本來具有。因為禪不是一種知識，不是一種學問，而是一種悟性，是從自己內心中透露出來的一種智慧的光明。它並不一定要學習，但必須要有人來告訴你有這個東西，讓你去探索、去找尋，這樣的時候，這一份功德和利益你就可以得到。因此，禪法如果不傳到西方，或者西方人沒有學習禪法，乃是一種損失。

問：為什麼您認為佛教徒不應該參與政治？

師：這跟佛教的傳統有關。佛教的創始人釋迦牟尼佛，他以王子身分而出家，既然已經出家，已從政治環境脫離，就不要再去碰觸政治的環境。

政治是社會人所需要的，但是對修行人來講，最好是不碰政治。一旦碰了政治，就會有很多是非，等於又回到世俗之中，攪入了世俗糾葛，這對修行是有妨礙的。

但是，佛教並不否定政治，也不反對政治，而是說做為一個修行人，最好少碰政治，否則對修行會打折扣。這點對在家修行與出家修行都是相同的，涉入政治，而要談深入修行，會比較困難。

問：聽說您拒絕換腎，為什麼？

師：如果現在我還只有六十歲，我會願意接受，但是我已近八十，一個有用的腎用在我身上，還能用多久？如果把有用的腎捐給年輕人，可發揮的功能大一些。所以我覺得不需要浪費一個有用的腎在我身上，只發揮一些功能，效用並不高的。

（二〇〇八年十一月六日於臺北中正精舍答美國華盛頓「宗教新聞社」）

國家圖書館出版品預行編目資料

禪的理論與實踐 / 聖嚴法師著 . -- 初版 . -- 臺北市 :
法鼓文化 , 2020.06
面 ; 公分
ISBN 978-957-598-849-4(平裝)

1. 禪宗 2. 佛教修持

226.65 109004939

禪修指引 13

禪的理論與實踐

The Theory and Practices in Chan

著者 聖嚴法師
出版 法鼓文化
總審訂 釋果毅
總監 釋果賢
總編輯 陳重光
編輯 詹忠謀、李書儀
封面設計 邱淑芳
美術編輯 Rooney Lee
地址 臺北市北投區公館路一八六號五樓
電話 02-28934646
傳真 02-28960731
網址 http://www.ddc.com.tw
E-mail market@ddc.com.tw
讀者服務專線 02-2896-1600
初版一刷 二〇二〇年六月
初版三刷 二〇二二年二月
建議售價 新臺幣二二〇元
郵撥帳號 50013371
戶名 財團法人法鼓山文教基金會—法鼓文化
北美經銷處 紐約東初禪寺
Chan Meditation Center (New York, USA)
Tel: (718) 592-6593 E-mail:chancenter@gmail.com

法鼓文化